JN085680

教壇に立つ30代のあなたに伝えたいこと

樋口万太郎
日野英之
垣内幸太

東洋館出版社

はじめに

本書は、「これから」「20代」に続くあなたに伝えたいことの第3弾です。ちょうど執筆しているとき、私は40歳1ヶ月でした。そう、30代を終えてしまったのです。

30代は本当にいろんなことがありました。職場も3回変わり、結婚もしました。そして、2匹のチワワもいます。家も建てました。そして、私の出版しているほぼすべての本は30代で書いていました。

私にとって、20代よりもはるかに多くの変化があったのが、30代でした。

本書は私1人ではなく、私の大好きな2人と書くことにしました。30代の本はこの2人と一緒でないと書けないと思った2人です。

1人目が垣内幸太先生です。大阪教育大学附属池田小学校時代に出会った先輩です。

これまでのシリーズ2冊で出てきたエピソード、「私が研究協議会で授業者にとても失礼なことを言ってしまった」というその授業者であり、「いっちゃん」というあだ名をつけてくれた先輩が垣内先生です。

2人目は日野英之先生です。同級生です。周りを笑顔にしてくれる天才です。3人で「授業力&学級づくり研究会」「ただただおもしろい授業を追究する会」を立ち上げ、学習会を実施したりしているのですが、実践がただただおもしろいのです。

垣内先生は教諭からそして現在管理職、日野先生は教諭から教育委員会へ、私は教諭のままという3人ともにちがった道を現在歩んできています。だからこそ、それぞれが語れることがあると考えました。

本書により、もうすぐ30代になる方や、30代を現在進行形で過ごしているみなさんに何か一つでも届くことができれば幸いです。

樋口万太郎

第1章　それぞれの30代

樋口万太郎 編

ちょうど本書を執筆しているとき、このシリーズの第1作目「これから教壇に立つあなたに伝えたいこと」がさらなる増刷である5刷が決まったと連絡をいただきました。

これほど多くの方に、手に取っていただけるなんて想像しておらず、とてもうれしく思っています。

そして、より好き放題、30代編を書くことができるとも思いました。

さて、私の30代は激動の10年間でした。

附属→公立→附属→教職大学院→附属→私立。

そして、プライベートでは結婚。

10代、20代、30代のなかで30代が一番激動だったように思います。

とにかく環境が変わりまくりました（余談ですが、変わりマクリマクリスティです…という言葉を思い出しました…。おっさんです…）。

30歳の自分

学級がそれほどうまくいっていませんでした。

自分の指導の甘さ、怒鳴るという選択肢しかもっておらず、泥沼へとどんどんハマっていました。

「学校に行きたくない」と毎朝思っていました。精神的に、本当にやばかったです。今、同じようなことになると、乗り越えることができる自信はありません。

「乗り越えることができたから、すごいでしょ」と自慢話がしたいわけではありません。しんどくなることは誰しもあるということです。

それでも、なんとか学校に行っていたのは、自分が希望していた附属に勤めているという防波堤のようになっていたプライドがあったからです。そして、本著の著者の一人である垣内先生をはじめ、先輩の先生にたくさん声をかけていただきました。このシリーズでこれまでにも書いていたことです。きっと声をかけてくれていなかったら、私はつぶれていたことでしょう。このときの経験がきっかけとなり、

怒鳴るという指導だけではダメ
自分の後輩や職場の人に恩送りをしよう

と思うようになったのです。

「恩送り」については、実際に言葉として聞いたわけではありませんでしたが、先輩方の言動から、恩返しをするよりも恩送りをしろよという想いをたしかに受け取りました。

32歳の自分

32歳のときには、学年主任になりました。

附属の学年主任はなんちゃって学年主任ではなく、本格的な学年主任でした。

それまでにもなんちゃって学年主任は何度も経験したことはありましたが、本格的な学年主任は初めてでした。

この年度の４月。学年で遠足に行きました。付き添いに校長先生もついてきてくださいました。

遠足などで、全体を集め、指示をしたりすることが、あらゆる場面でありました。自分の中では、なんとか遠足を終えることができたなと思っていたところ、放課後、この校長先生に呼ばれました。

「担任としての指導は100点満点だったかもしれないけれど、学年主任としての指導としてみると、合格とは言えないなぁ」

と言われたのです。

叱られたというよりも、この1年で学年主任としての指導ができるようになろうね、という叱咤激励でした。

今、ふりかえってみても、学年主任としての指導がどのようなことなのかはわかりません。でも、私が考えたのは、

学年全体を自分の学級のように指導する

ということです。

そのために他の学級の子どもたちを知ることが大事だと思うようになりました。

この当時、垣内先生ともう一人の先生が毎朝玄関に立ち、子どもたちに挨拶をす

る姿に勝手に憧れをいだいていました。そして、学年主任として考え始めたこの年度から玄関前に立つようになりました。そこで、様々な子とコミュニケーションをとるようにしました。自分のことを知ってもらわないと、円滑なコミュニケーションができないと考えたのです。今もどんどん様々な学年の子に話しかけていきます。

また、様々なことが円滑にいくように、

- 学年会のアジェンダをつくっておく
- 学年会をするときには事前に資料をつくっておく

といった影からのサポートをより行っていこうと考えるようになりました。

32歳のときは附属を出ることが決定していました（そうです。職場結婚をしたので）。

先生方には「附属帰りの先生……、なんぼのもんじゃい！」という雰囲気がこの当時はありました（私も昔は感じていました）。それだけに、来年度、どうなるのかと不安がいっぱいでした。また、担任としてもまだまだがんばりたいという気持ちでいっぱいでした。

でも、4月直前になってもまったく私の来年度の情報が出てきませんでした。

3月29日、神戸のフラワーパークに遊びに行っているときに、次の学校からの連絡がありました。

なんと与えられた立場は、4人の初任者指導をするというものでした。

2校にまたがっており、1週間2校を行ったり来たりというポジションでした。担任をすることができると思っていた私は、かなり落ち込みました。

基本的には校務分掌もなく、1年間で職員会議に出た回数は1回でした。

4人の初任者を指導する立場であるため、たとえば学校の先生で欠席された方がいても、補講に入ることすら許されなかった1年間でした。

残業することはほぼありませんでした。

残業するほどの仕事がなかったのです。

羨ましいと思いましたか？

私にとっては地獄の日々でした。

そんなこともあり、どんどん落ち込んでいく日々でした。

その結果、不貞腐れました。

いろんな先輩から「不貞腐れるなよ」と言われましたが、誰が見てもわかるように不貞腐れていました。

今ふりかえってみると、この1年間は様々な立場で考えることがあり、今の自分にもつながることがたくさんあり、よい1年間だったと思いますが、その当時はまったく思いませんでした。

定時退勤は当たり前。残業もなし。だから、学校近くの立ち飲み屋でレモンサワーをよく飲んでいました。そして、毎日のように自宅まで4キロくらいを歩いて帰っていました。よく聞いていた曲はSEKAI NO OWARIのDragon Nightでした。

その途中にたこ焼き屋でたこせんを食べながら、「自分は何をしているんだろな」と虚しくなっていました。

周りの先生たちは活躍し、何か自分だけ置いてけぼりのような感覚でした。

それが何より悔しい1年間でした。

33歳の自分

ちょうど33歳になる誕生日のときは、ダイエット中でした。

1ヶ月で最低10キロは痩せなさいと主治医に言われ、過激な糖質制限（1日糖質15g以下）をしており、自分で鉛筆を落としたにも関わらず、「なんで鉛筆が落ちるねん！」とキレてしまうほど、イライラしていました。

そんな私を見て、妻は糖質制限料理をよく、用意してくれたのですが、糖質が15gをはるかにこえる30g（自分調べ）近くあり、すごく感じの悪い態度をとってしまいました。

実は、3月に大きな手術を控えていたのです。

20代のときに、人間ドッグを受けた際、喉に「腫瘍」が発見されていたのです。そんなに形も大きくなく、経過観察になっていました。

本当は1年に1回通院しないといけなかったのですが、私は4年ぶりに通院しました。なぜなら、初任者指導で時間があったからです。

4年ぶりに行った病院で、その腫瘍が大きくなっていること、悪性かもしれない、つまり「ガン」かもしれないと宣告されたのです。

転院し、1ヶ月後には手術をすることになりました。

（みなさん、健康診断は大切ですよ。と書いておきながら、またここ数年人間ドッグに行っていませんが…。）

実は、この時点で公立小学校を辞め、来年度より京都教育大学附属桃山小学校に勤務することが決まっていました。

退院して、数週間後には新しい職場、環境です。

この病気によって、採用を取り消されるのではないか不安な日々でいっぱいでした。不安で押しつぶされそうな日々でした。

手術の影響でしばらく声が出ない可能性があるということも言われていました。大好きなラーメンをすることもできない可能性もあると言われていました。不安がいっぱいです。そして、過度な糖質制限です。そして、初任者担当という立ち位置です。

もうメンタルが崩壊していたかもしれません。メンタルが崩壊していたのかわからないほど、糖質不足で頭がボーッとしていました。

入院中は未来に向けてとにかく本を読みました。

そして、プロ野球のキャンプやオープン戦を観ていました。

本を読むことでこんなことをしたいな、キャンプやオープン戦を観ることで、シーズンでどんな選手が活躍するのかなと未来を考える機会を少しでも多く取っていました。

そういえば、細胞を注射で採る検査をしてくれたのが、クラスの子どものお母さんだったのはよい思い出です。

このころは、欅坂46の「サイレントマジョリティ」、Superflyの「Beautiful」の

2曲をよく聞いていました。何か自分の状況のことを歌ってくれている、応援してくれていると感じる2曲でした。

（数年後、乃木坂46、日向坂46を好きになっていきます。坂道シリーズはメッセージ性のある曲が多いんですよね。）

手術は成功しましたが、案の定、声が出なくなりました。（手術後、麻酔から覚めたときは、声が出ていたのですが…）

この当時の私は、何かマイナスなことがあると、何日も引きずり、勝手にメンタルがやられていくような考えの持ち主でした。

だから、金曜日に学校で何かあると、土日の休みにずーーーーっと考えてしまい、土日をまったく楽しめない人でした。

垣内先生から「明日悩むことは明日に悩め」といったアドバイスをもらっていましたが、そのときは無理でした。

でも大病になってから、明日があるとは限らない、今を精一杯生きることが大切だとか、「生きているだけで丸儲け」という明石家さんばりの思考になりました。

そう思わないと、マイナスな気持ちで押し潰されてしまいそうでした。

それが現在でも続いています。

この思考になってからは、すごく気持ちが楽になりました。結果オーライです。

そして、これまで以上にどんどん仕事が好転していったのです。

不思議なものです。

そういえば、この年度の途中に管理職試験の打診を受けました。断りましたが……。

私みたいに断る人もいる一方で、管理職になられる人もいます。いずれにしても、感謝の気持ちでいっぱいです。

ちょうどこの時期に、ある人から「自分がしたことのない役職の人の悪口を言ってはいけない」と言われました。私は管理職への不平不満をよく言う人でした。

でも、この言葉により、それぞれの立場で、それぞれの思いがある。大変なこともある。たしかに、そういったことを経験していないにもかかわらず言うのはどうなんだと思うようになりました。

京都教育大学附属桃山小学校では1年目に1年生の担任になりました。入学式でマイクなしで呼名をしないといけませんでした。

このときも、声は出しづらかったのですが、なんとか乗り切りました。というか、入院のことや手術のことは誰にも伝えていませんでした。

そうそう。1ヶ月で10キロ以上痩せた体重は半年で元に戻ってしまったのです……。

京都教育大学附属桃山小学校では様々な先生に出会いました。その中でも若松俊介先生との出会いは、自分の教師観や授業スタイルを変えることを決意するきっかけになりました。そういった若松先生との話は、明治図書出版『樋口万太郎・若松俊介のたりない二人の教育論（仮称）』をご覧ください。

38歳の自分

そこから数年たった38歳は、『GIGAスクール構想で変える！1人1台端末時代の授業づくり』（明治図書出版）、『仲よくなれる！授業がもりあがる！密にならないクラスあそび120』（学書書房）の2冊が大ヒットしていたころです。

ここまで売れるとは思いませんでした。

この2冊ともAmazonのレビューが多くついています。

レビューの中には、心が傷つくような内容や書き振りもありました。

心がしんどくなったこともありました。

今では耐性がついたのか、しっかりと自分の言いたいことを本で伝えようと心に決め、あまりレビューで心を痛めるということはなくなりました。

ある意味、心が麻痺をしているのかもしれません（笑）。

（いつも同じ方が、私の本を購入し、低評価されます。本当に申し訳なく、返金したい気持ちでいっぱいです……。）

この2冊が大ヒットしたことにより、どんどん本を出すようになります。

自分一人で書くだけでなく、監修をしたり、オンラインサロンを開いたりと、いろいろと興味があることをどんどん行っていきました。気分は、小室哲哉です。

やりたいことはやるという我儘な性格なのかもしれません。

ここから毎年5冊以上の本を執筆していくことになります。

今思えば、よく書いたな…と思うことばかりです。

さすがに41歳の誕生日あたりには、それほどは出していないことでしょう（出してました…）。

毎年1冊を目標に、論文を書くことにシフトしていきたいなと思っています。

きっと本を出すことができるのは、期間限定のことですから。

あと、これほど本を出版していると「印税で儲けているでしょ」と言われることがあります。印税のほぼ全部、興味のある本を買ったり、大学院博士課程の学費にあてたり、自分をよりパワーアップさせるために使っています。学ぶって、とても楽しいなと感じています。だから、手元には……。

39歳

39歳では、京都教育大学附属桃山小学校を辞める決意をした時期でもありました。ここでは書けないような理由が多々あります。

辞めることには不安がなく、今も辞めたことに何も後悔はありません。後悔があるとしたら、最後の年、6月から担任をした当時1年生の成長の姿を見ることができなかったことです。

それでも、新しい学校には担任した子の親戚がおり、その子の話を聞くことができたのはなによりもうれしいことでした。

新しい勤務先でもステキな子どもたちに出会い、楽しくやっています。

1章を書いたことで、30代をふりかえることができました。20代は本当に苦しい10年間でした。一方で、30代は激動だったなぁと再認識をしました。ここには書けないこともたくさんあります。

20代のころに思い描いていたことはほとんど行うことができました。20代のころの努力が花を咲いたのでしょう。あきらめずに取り組んでいてよかったなぁと思います。

また30代は寂しい気持ちも多くありました。

私はみなさんからどのように思われているかわかりませんが、後輩気質の人なんです。先輩から可愛がられたい人なんです。

でも、自分より年下、後輩も増え、それどころではない年代になってきました。後輩としてだけでなく、先輩としてふるまっていかないといけない年代、つまりは「ミドルリーダー」「中間」の立場です。これからは逃げることはできません。いや、逃げてはいけません。「ミドルリーダー」として、30代はふるまっていかないといけないのです。

30代はとても自分の視野が広がった10年間でした。

視野が広がっていく一方で、20代のころと変わらず、自分のしたいこと、興味があることにはチャレンジをしていきました。

きっとみなさんにも変わらないこと、変わったことがあるでしょう。

10年前ぐらいからX（旧Twitter）やfacebookといったSNSをしていました。研究授業の参観中に授業についてのツイートをしていて、怒られたことはよい思い出です。いまだに怒られる30代でもありました…。

今では飲み会中にスマホをとりだしたり、会議中にスマホにメモをしたりすることを叱られなくなったということもありました。時代がより柔軟になってきたのでしょう。また、「あの人はスマホを使って仕事をしている」と認認してもらえるようになったのかもしれません。そんな30代でした。

日野英之 編

20代。ただまっすぐ前を見て、がむしゃらに駆け抜けました。陸上で例えるならば「１００メートル走」といったところでしょうか。

30代。20代に比べるとゆったりとした時間の中で、景色を楽しむ余裕ができました。余裕ができた分、考えることが増えました。走るペースはゆっくりと、移り行く景色を見ながら、かと言って楽しいだけかと思いきや、ほどよいしんどさも。例えるならば「マラソン」といったところでしょうか。

30代。嫌でも視野は広がり、思考は変化し、立場が変わっていくものです。

○30代前半ＰＡＲＴ１（僕を見て見て期）

30歳は、転勤2年目でした。ちなみに転勤1年目のキーワードは「市民権獲得」。

前の学校でどういう仕事をしてきたなど関係なし。いかに周りの職員に自分の存在を認めてもらえるかどうかが大切だと思っていました。

私は、とにかく多くの人に積極的に話しかけることと、実践をたくさん観てもらうことに重きを置きました。転勤早々の6年担任。5月にいきなりの1週間宿泊の文部科学省主催の研修に、さらには帰校後すぐの研究授業。自己をアピールするには絶好の場が用意されていました。また、1年を通じて、学年全体を巻き込んだ取り組みを実施し、一定の成績と成果をあげることができました。その甲斐もあって30歳を迎えた2年目は、無事「市民権」を確保できてのスタートを切ることができました。

市民権を得たという自信と余裕が「がんばってる私を見てほしい！」という欲求を高ぶらせました。30代スタート期。名付けるならば「私を見て見て期」。授業を、学級を、見てもらえる機会には（校内の研究授業、所属する研究会の公開授業、他市研修の講師、実践発表など）、何にでも手を挙げました。見てもらう価値のあるものにしたいと、そのときの旬な実践や情報を手に入れるため、たくさんの教育書に目を通しました。そして、たくさんの研究会に参加しました。睡眠時間は日々3時間。

なぜそんなに自己顕示欲が強かったのか。今ふりかえってみますと「?」だらけの当時ですが、がんばれるときにがんばっておかなきゃという気持ちで突き進んでいた気がします。

7年目を迎えようとしていた3月下旬。教室の片づけをしていると、校長先生が来られ「片付けなくてもよかったのに」とニコニコ笑顔。まさかの4年連続の6年生を受けもつこととなりました。学年を一緒に組む先生は、同期と後輩。先輩がいない学年団は初めてでした。

ライバル心に火がつき、「力の差を見せなければ」とこれまで以上に気分が高揚した状態でした。「私を見て見て期」は「私を見ろ見ろ期」に移行。誰かが注目を浴びる、誰かが評価をされることに心穏やかでいられなくなっている自分がいたのがこのころです。

○30代前半PART2（自信過剰（過信）期）

32歳。8年目。久々の5年生担任。経験年数的に自分が最長となる学年体制。初の学年主任を任された年。「私を見ろ見ろ期」がピークの年。「私は私のできる範囲で突っ走るので、ついてきてください」スタンスの学年主任。ついてきてもらうためには圧倒的な力の差を示さないといけないと、どこか変に気負っていた自分がいました。

5月の連休が明け、6月になるとしんどくなる学級が出てきました。しんどくなった学級担任には、私の経験則に基づいて、「私ならこうする」と伝えました。また、学級間で交換授業もしていたので、授業でこんなことをすれば子どもたちは前を向くよと実践で示し続けました。結果、その学級はつぶれてしまいました。学級がつぶれた理由は明確です。

・自分の気負いから学年というチームでの対応ではなく、個での対応で何とかしてやる！と判断してしまったこと
・相談事に対して、相手の立場に立った回答ではなく、自分の経験則に基づいたものであったこと
・実践で示し続けた結果、自己優越感に浸ってしまったこと

理由は私にあったわけです。そんなことは「私を見ろ見ろ期＝自信過剰（過信期」だった自分にふりかえられるはずもなく、「やるだけのことはやった！」「私が担任ならば崩壊することもなかった！」と思っていましたし、自分がしてきたことは間違っていなかったと確固たる自信をもっていたものでした。

○助言と実際のちがい

33歳、教員生活9年目を迎えたころでした。

学校では研究部長、所属している市としての仕事でも、研究組織の長を務めさせてもらいました。学級経営は順調そのもの。勤務年数も5年目を越え、すっかり〝長老〟の位置に。子どもや保護者も「日野」の噂や評判を情報として掴んでいたので、馴染むのも理解も早くなっていました。

悩みは一点。学年を一緒に組む教員がしんどくなってしまうこと。しんどくなった教員の授業をよく観に行きました。観に行くようになってわかったことは、話した助言が、その通りに行われていなかったこと。というよりもやろうとしているのだけれどもできていなかったことでした。

その先生からは、「勧められたアクティビティですが、私自身があまりアクティビティに取り組んだことはありません。収集がつかなくなり、最後は自分の指示が通らなくなってしまいました」。

アクティビティに取り組むことが正解ではなく、子どもたちが窮屈に思わない時間を設定した方がいいよというのが私の主訴への助言でした。自分の助言のアプローチを変えていかないと先生方に伝わらない、先生方は変わらない。そんなことを思っていたとき、次の進路を示唆する言葉が校長先生からあったわけです。

○30代中盤（進路選択期）

10年目を迎えようとしていた3月下旬。校長先生に「次の進路に委員会や管理職を考えていますか?」と尋ねられました。そこで、「初任のときの教育長から『全学年を受けもって一人前の教員』との言葉がありました。僕は、1年生を未だ受けもったことがありません。担外の仕事もしたことがありません。2つの仕事を経験することができたならば考えられることかと思います」と答えました。

3月下旬の人事発表。1年生を受けもつことが決まりました。この時点で思ったことが2つあります。1つは、現場を離れる覚悟をもたなければいけないこと、もう1つは、離れても授業や学級経営のことについて仲間と考えられる場を確保しておきたいなということでした。

○授業や学級経営のことについて仲間と考えられる場づくり

経験の浅い教員や、うまく実践が進んでいかない教員へ、私自身のアプローチを変えていかないといけないという話をしました。「学級通信を出したらいいよ」「朝一の職員室で仕事をするとはかどるよ」「導入で○○をしたらいいよ」と助言をする際には、活動例ばかりを示してきました。なぜその活動に取り組むのかといった意図や考えまでは伝えてきませんでした。

自分の実践を、考えも含めて伝える場づくり。自分が現場を離れても、授業や学級経営のことについて仲間と考えられる場をつくりたいという思いがあったため、このタイミングで校内と市内に「学習会」たる会をそれぞれに立ち上げました。

校内の「学習会」は、平日の放課後に開催。経験の浅い教員からミドルリーダー層までを対象としました。講師には、首席や指導教員、管理職といった学校の「核」となる先生方にお願いしました。また、経験年数にかかわらず互いの授業を観に行く機会を設け、学校全体で教員を育てていこうとする意識や環境を整えました。

市内の「学習会」は、市内の教員の「教師力」を高めることを目的とした会。日野の考えに賛同してくださる先輩教員４人と立ち上げました。２か月に１回程度、週末に実施しました。様々な世代の教員が意欲をもって参加してもらえるように児童生徒指導にかかることから、明日に使えるアクティビティ紹介まで、その時々のニーズにあったものを取り扱いました。

翌年には市の加配という立場で校内の研究を推進していくことに特化した職に就き、初の担外を経験することになりました。全学年の担任を務めたこと、担外を経験したことで、現場において一定のことはやり遂げたという思いがありました。示される進路についてはどんなものであろうと受け入れる覚悟ができていました。11年目終わり。勤め先が教育委員会事務局（以降、事務局）に決まりました。

○30代後半（指導主事期）

36歳。教員12年目は、指導主事として働き始めました。指導主事ってどのようなイメージをおもちでしょうか？　現場の教員に指導助言を行う人、研究会の講師を務める人、市として実施するイベントの企画・運営する人等、ざっくりとしたイメージはもたれていることでしょう。けれども、「こんな仕事！」とはっきりと答えられる人はいないのではないでしょうか。僕もそんなにはっきりとしたイメージをもって、事務局に入ったわけではありませんでしたので、どんな仕事なのだろうかと初日を迎えるまでは不安？　緊張？　何だか味わったことのない気持ちになっていました。迎えた初日からの約1年。学校現場との大きなちがいに驚きを隠せませんでした。異なる大きな点は、次の通りです。

①ゆるゆるの縦社会でなくきっちりとした縦社会
②基本は一人仕事
③座っている時間が長い
④起案から決裁までにものすごく時間がかかる
⑤突発的な仕事が多い

当たり前ですが、服装は市民に対して失礼がないように映ることを意識して、スーツが基礎基本。外部の方との出会いが多い職業となりますので名刺も作成します。

教員をしていた経験や知見は〝役に立つこともある〟程度です。転職と言っても過言ではありません。では、列挙した5つの項目について触れていきます。

①ゆるゆるの縦社会でなくきっちりとした縦社会

学校には、校長、教頭、首席、指導教諭、〇〇主任といった肩書をもった教員がいて、一応、組織はピラミッドを描いた体をなしています。ですが、実際の所は、高学年を受けもつ教員の意見が強かったり、校長先生の意見が通らなかったりします。

事務局では、立場の上の人が判断したことをどう実現していくかで動いていきます。上と下との意見が分かれるなんてことはあり得ません。また、上の方が立って話をされているときに座って話を聞くといったこともあり得ないことですし、上司が出張に行くとなれば、随行としてお供します。学校のゆるゆるの縦社会とは異なるきっちりとした縦社会となっています。

②基本は一人仕事

学校ならば、授業の内容・進度、児童事案の協議、行事における分担等、一人で抱え込まずに「みんなで・協力して」という文化があります。事務局での仕事は、基本は一人です。私の場合は、児童生徒の学力・体力にかかる事業、小中一貫教育にかかる事業や校長会・教頭会の運営が主な仕事なわけですが、これらを一人で進めていかなければなりません。自分が失念してしまうとその仕事はストップしてしまいます。見通しをもって取り組まなければ、市全体に迷惑をかけてしまうことになるため、スケジュール管理については自身の手帳と電子システム上との二重で管理されている方がほとんどです。

③座っている時間が長い

言うまでもなく、座っている時間が長いです。担任時代に比べて少なく見ても4倍以上です。キーボード・マウスの使い過ぎで腱鞘炎になる人、画面の見過ぎで視力が低下する人、運動不足で「肥えてしまう」人も多いです。いかに教員という仕事が健康的でかつ体力を要する仕事であるかということを、身をもって知ることができました。

④起案から決裁までにものすごく時間がかかる

学校では通信を出す際に、「お願いします」と朝一に上司に起案すれば、遅くとも昼までには校長先生の決裁が得られ、少々の修正で午後には発出することができます。事務局は、そういうわけにはいきません。予算のことに関わることならば年間4回しかない議会にはからなければなりません。議会にはかるまでに教育長、副教育長、局長、副部長、室長の合意を得ないといけないため、決裁までに数週間以上かかる場合があります。予算以外のことでも、市の施策に関わってくるものばかりですので、上席との協議に時間を要し、数日かかる場合がほとんどです。

⑤ 突発的な対応・仕事が多い

学級担任の1年の業務はおおよそ同じ流れで進んでいきます。1年目は大変ですが、2年・3年と続けていくうちに仕事のリズムが体に刻まれていき、「あ、●月に入ったからそろそろこの準備を」と計画立てて物事を進めていくことができていきます。

一方、事務局は、「○○学校でこんなことが起きた！　動いて！」「他市でこんなことが起きた！　調査して！」「議員からの質問！　回答用意して！」ということが（毎日とは言いませんが）起こります。また、保護者からの電話やメールにも対応します。学校で歯止めが効かなかった案件がほとんどですから、内容は複雑なものばかりです。これらの案件が通常業務以外に入ってきます。内容も毎年同じというわけにはいかず、新しい対応が求められます。自分の担当業務をうまく捌けていないととんでもないことになることは、容易に想像がつくかと思われます。

ざざっとではございますが、日野が過ごした30代を紹介しました。

30代。冒頭に述べましたが、嫌でも視界は広がり、思考は変化していき、立場が変わるものです。変化する自分に見合う環境はどこかという進路を選択しなければならない年代だといえます。どこか満足感を覚え、どこかで新しい刺激を求め始め、どこか行き詰まりを感じた自分は、事務局という道を選択し、幸いにも充実した気持ちをもって、30代を終えることができました。

読者の皆様は、どのような道を選択なさるのでしょうか。

〃〃市役所

垣内幸太 編

この本が発刊されるころ、私は49歳、40代最後の年を迎えているかと思います。20代、30代、40代とかれこれ30年近く教員という世界で生きています。

研究会を立ち上げ多くの仲間に出会いました。

書籍や雑誌の原稿も書かせてもらうようになりました。

47歳で校長を拝命しました。

「行動力がある」「道を切り開いている」などと言われたこともありますが、決して自分はそんな人間ではありません。いろいろなことを自ら選択して、切り開いているようでいて実際のところは、

決まったレールを歩いてきた

と自分では感じています。

日野、樋口を見ていると羨ましくもあり、尊敬します。彼らは自分の道をしっかりと選択し、その道で輝こうと常に努力をし続けられる人たちです。そんな私に誇れるものがあるとするならば、どの場においても与えられたところで、そこにいる人たちと楽しむ力、いや楽しもうとする力が人より少し勝っているところでしょうか。しかし、その力はずっと昔からあったわけではありません…。

様々な経験、出会い、失敗などを繰り返し、今に至っています。特に30代における変化は私の人生において大きなものでした。

その30代のお話をする前に、少しだけ20代のころの話にお付き合いください…。

『20代』

自慢話のように聞こえるかもしれませんが、私が採用試験を受験していた時代は、かなりの狭き門でした。小学校でも採用倍率が優に10倍を越え、かく言う私も1年目は不合格となり、2年目で3つの都道府県を受験してようやく1つだけ受かったという状況でした。その1年の教員採用試験浪人の間、数か所で講師登録もしましたが、それすらまったく声のかからない1年間でした。どこも人手不足と言われている今では考えられない状況です。

1年後に掴んだ教師の切符、配属されたのは大阪府の最北端にある能勢の小さな学校でした。10年ぶりぐらいの新任の配置ということもあり、大変あたたかく迎えられました。子どもたちや同僚、管理職にも恵まれ、本当によくしてもらいました。大学時代にアメリカンフットボール部で主将を務めていた経験も生き、子どもたちに楽しい話をしたり、一緒に遊んだりはお手の物。学級経営においても特段問題はありませんでした。そのときは、いろいろなことができているつもりでした。いやむしろ、

自分は他の人よりすごいんじゃないか

とまで自分のことを高く評価していたように思います。今思えば、なんといい加減で、自己満足な先生であったかと恥ずかしくなります。

そんな私でしたが、人には恵まれていました。採れた野菜を机の上にそっと置いてくださる先生。「垣内くん、飯いこか〜」と頻繁にお声をかけてくれる教頭先生。結婚した際にはお祝いパーティーを開いてくださるようなあたたかい保護者。放課後一緒にソフトボールをしたり、休みの日に家に招いてくださったり、相談事にのってくれた先輩先生。

ぬくぬくと育った4年間。はじめての転勤で、他市に異動することになります。転勤先でも最若手です。自分のことを「できる」と思っている私は、ここでも好き勝手やらせてもらいます。教科書無視の投げ込み教材、学校でお泊り会、お風呂屋さんツアー、蛍を見る会、職員会議をさぼって子どもと遊ぶ…。いえ、させてもらっていたのでしょう。周りの人が支えてくれていたからだと今ならわかります。

そうして3年を過ごしたころ、初めて自分より年下の先生が入ってきました。30代に突入する年です。

前置きが長くなりました。20代をぬくぬくと自信過剰で過ごした後の私の30代をここからお話ししたいと思います。

①30代初期

30代がスタートしても相変わらず自信満々です。

校内においても校外においても体育関係の研究や仕事をすることが多かったのですが、どこでも私より年上の方はずっと上、もしくは、急激に増えてきた若い先生たちでした。このころから新規採用者の数も増え、私より若い先生も多く採用されるようになっていました。その間の私が、なんとなくの雰囲気でどの場でも長を務めさせてもらうようになります。

このころに本書の著者である日野英之とも出会います。チャラい見た目に、周りの言うことをあんまり聞きそうにない雰囲気。聞こえてくる評判もあまりよくありません…。しかし、実際に接してみると打てば響きます。少々の無理難題もクリアしてきます。今や教育委員会に勤めている彼ですが、何か通じるものがあったのか、それ以来十数年、良いことも悪いことも共に歩んできた一番近くにいる後輩です。

この時期、他校の後輩たちも含め、ともにたくさん学びました。たくさん遊びました。私自身は、益々勢いづきます。きっと外からは、お山の大将のように映っていたことでしょう。さらに、このころから周りの人とぶつかることが多くなります。特に年上の方とです。ただただ偉そうな礼儀知らずの私のやり方がいけなかったと今なら思えますが、その当時は、

自分が正義

と思い込んでいます。

「もっとこうしてくださいよ」

「それじゃだめですよ」

「この方法でみなさんやってください」

言いたい放題。きっともっときつい口調だったでしょう。平気でこんなことを周

りの先生に言っていました。

また、自分のクラスは常に「宇宙一のクラス」を学級目標に掲げて、時間を惜しまず子どもたちに向かっていました。自分のクラスでの手応えを感じることに反比例して、隣のクラスは崩れてしんどくなります。それも、2年連続です。なんとかしなくちゃと空き時間には隣のクラスへ入り込みに行ったり、交換授業を始めたりします。にらみを利かせ静かにさせ、話術だけの楽しい授業を行い、一見ちゃんとしている子どもたちと過ごし、放課後には職員室で「ええ子らですやん」と自慢げに言います。当の担任の気持ちやそのあと余計クラスがしんどくなることにも気がつかず…。

救っているつもりで、誰も救ってなどいなかったのです。

そんな私に転機が訪れます。附属小学校への転勤の打診です。

②30代中期

交流人事ですので、数年後にはまた元の勤務地へと戻ります。決して自分から望んだわけでもなく、話を聞いてもピンとこず、一度は断りの連絡をいれたくらいです。

転勤にあたっては紆余曲折ありましたが、「新しい地で自分を試してやろう」。いや、「自分ならいけるだろう」という変な自信もあり、転勤を決意しました。後輩にも「附属を変えてやる！」などと豪語していました。

しかし、その自信や期待はすぐに崩れ去ります。

着任前の副校長との面談、覚えている会話は「車、何乗ってるんや？」と聞かれ、「ステップワゴンです」と答えると、興味なさそうに「ふーん」との返事。終始「塩」対応です。着任しても、元々おられる先生たちは、私なんかには無関心。

まったく話しかけてもくれません。

一方で、ひとたび職員会議や研修などが始まると、高次の動きや発言が飛び交います。まったくついていけません。何もできず、話せず、ただそこにいるだけの無力な自分を認識します。

「附属を変えてやる!」と息巻いて挑んだ転勤。感覚で動いていたことがどんどん理詰めで崩れていきます。自分より年下の先生に、その不甲斐ない自分を指摘されます。悔しいやら、恥ずかしいやら。しかし、ここでようやく、

身の程を知ることができたのです。

それからは、やるべきことが見えてきます。本や論文を読むようになります。他校の研究会にも積極的に参加します。先輩の授業をどんどん参観しに行きます。するとと、研究会などで先輩たちの言っていることが少しずつ理解できるようになりました。自分の意見も言えるようになりました。そうなると、先輩の先生とも対

等に話ができるようになります。これまで、冷たい、突き放されていたと感じていた先生たちの優しさや面白さも見えてきます。同期をはじめ、体育の仲間、尊敬できる先輩、管理職…、多くの出会いをプラスに感じられるようになったのです。

ちょうどこのころ、算数で研究会を主催している先輩の影響を受け、「関西体育授業研究会」という体育の会を立ち上げます。これまでの職場の仲間や附属の同僚など、わずか十数名でのスタートです。この会を立ち上げたことで、多くの先生たちとの出会いと、多くの学びのチャンスをいただくことになります。私が今こうして、書籍を執筆させていただいているのも、ここでの多くの出会いがあったからに他なりません。

自分が正義と譲らず傲慢だった自分が、たくさんの出会いを経て、相手の願いや思いを少しずつですが汲み取って向き合うようになっていったように思います。困っている先生を支えるときにも、自分を出さない方法ができるようになりました。担任として隣のクラスだけがしんどくなるなんてこともなくなっていきました。年上の方や、いろいろな人とぶつかることもなくなっていきました。また、出会いを大切にすることもさることながら、自分から出会いをどんどん求めるようにもなりました。「附属を変えてやる!」と息巻いて転勤してきましたが、

変えられたのは自分の方だったのです。

ふりかえると、この30代前半での変化が人生における大きな転機だったのです。

③ 30代後期

「生涯担任でいる」「研究者にチャレンジする」「私立学校にも勤める」など、朧げな将来への希望を描いてみたこともありましたが、多くの人との出会いを経験することで、少しずつどうなりたいかが見えてきます。

どんな立場でも、今自分がいる場所で楽しむこと。楽しめる人になること。

何になりたいというより、巡りあった場で全力で楽しみたい。そんな風に思うようになりました。自分が楽しむことはもちろん。周りの人と一緒にどれだけ楽しめるか。そんなことを考える時間が長くなります。

これまでなら自分中心で、自分の考えを通していたであろう運動会の演技や、校外学習の内容の企画、学校を挙げて取り組む臨海学舎など、みんなでやることを存分に楽しめるようになりました。先ほど出てきた関西体育授業研究会も100名を超す仲間が集まっていました。みんなで知恵をしぼり、授業づくりをすることが楽しくてたまらなくなっていました。

附属時代の後半には、研究部長もさせていただき、全国から1000人近くの人たちが集う研究大会を開くことができ、大きな喜びも経験させてもらいました。1人ではなく、だれかとともに何かに向かって進むことが大きな喜びであることを知ったのです。

このころ、もう1人の著者でもある、樋口万太郎と出会います。後の彼のパートナーとなる樋口綾香さんとも同時期に出会います。2人とも、私が附属に赴任してきたときと同じような顔をしています。特に綾香さんの方は「垣内さん、なんで附属は半パンだめなんすか？　意味わかんないっす（少々巻き舌で）」といきなり噛みついてきたことを今でも覚えています。出会うのが少し前なら、2人とはぶつかっていたかもしれません。私が附属で変えられたように、彼らもきっと大きな人生の転機であったと思います。今でも、一緒に研究会（「授業力&学級づくり研究会」）を立ち上げ、共に学び、共に楽しいことができる大好きな仲間です。

こうして、30代の終わりとともに、附属小学校を出る年がやってきます。当時の先輩であり、現在奈良学園大学教授の松井典夫先生から言われた言葉、

「附属とは、不甲斐ない自分を知るところだ。そして、そこからスタートする」

この言葉通りであった附属小勤務の7年間でした。私の30代がこの言葉に凝縮さ

れているように思えます。

④その後

40歳で附属小を退任した後、公立校に戻ります。4年後、当時の教育委員会の方にお声をかけていただき44歳で教頭を拝命しました。その後、勤務当時の校長に勧められ47歳から校長をさせていただいています。

50歳を目前に、こうしてふりかえると、確固たる意志があって選んだ道は、学生時代の「先生になりたい」だけだったのかもしれません。人生において「こうなりたい」と言ってなったものはあまりありません。流れの中で、それらを受け入れ、今があります。

飄々と生きてきたように自分では感じています。

「もっと若いころこうしていたらなあ」と思わないこともありません。「今、僕と同じような20代がいたら、きっとめっちゃ怒るやろうなあ〜」とも思います。だけど、あのころがあって、30代で多くの経験を経て、今があるのです。

すべての時間が無駄ではなかったとまでは言いませんが、私が今の私に至るまでに必要な時間だったのです。

30代は、いろいろな転機がある年代です。大きな決断もしなくてはならないときもあるかもしれません。

しかし、人生において自分で決定できる道がどれほどあるでしょうか。思っているよりずっと限られています。またその選んだ道が必ずしも正解だったのかなんてだれにもわからないことです。そんなことでいろいろ悩んでしまうより、今いる場所で、自分がどうあるべきか、なにができるか、どう成長するか、どう楽しめるかといったことに力を注ぐ方が、よっぽど幸せな方法ではないでしょうか。

決まったレールを輝かせられるかどうかは自分の心ひとつです。

日野、樋口両氏とは少しちがった30代かもしれませんが、みなさんの30代の過ごし方、ならびに今後の人生設計に少しでもお役に立てれば幸いです。

第2章　学級・授業について

担任できるのもあと僅かという覚悟

日野 編

30歳からは、これまでの「来年度は○年生の担任です」といった担任依頼の人事話は減っていくと思ってください。「学校全体を見ていく役職についてもらいたいと思ってる」から始まり、「生徒指導として…」「専科として…」といった言葉が続きます。「附属小学校で」、「他市交流で」、「委員会で」…等、市の人事に巻き込まれる場合もあります。学級担任をし続けられるのは20代までと思っておいた方がよいでしょう。

学級担任を外れることを想定して、2つのことを心がけましょう。

1つ目は、横のつながりを意識した行動をとることです。管理職をはじめとする少数派となる役職は、学年団の楽しい笑い声に嫉妬することもあれば、孤独感に苛まれることもあります。そんな思いに至ったときは、少数派の役職同士で、他校の同職同士で愚痴を吐き出す場や食事等を共にしたりする場がとても大事になってきます。「私はつながりを築くことが苦手だしなぁ」と思われる方。「近くの席」→「校務分掌」→「市町村の○○部会」→「プライベートの○○会」の順で少しずつ輪を広げていかれるとよいでしょう。もちろん、「1年間で！」というわけではありません。

今年は近くの席の先生との交流を、今年は市内の先生との交流をがんばろう等、焦らずに少しずつ。気がつけば仲間が100人できていることでしょう。

2つ目は、担任に未練を残さないようにすることです。担任から外れるのならば「～しておけばよかった」「やり残していることがあるから前向きに考えられない」そんな想いに至る教員が、私の周りにはたくさんいます。「未練」の最大の要因は「後悔」です。取り組みたい実践があるのならば、年数関係なく、取り組んでください。担任として働ける時間は、皆さんが思っている以上に短いものです。

そのときだけの指導をしていませんか

樋口 編

ある日、クラスのAさんがBさんを殴ったとします。

殴るということはダメなことです。だから、「Aさん殴ったらだめだ！」と叱ったとします。

その指導で本当によいのでしょうか。

Aさんが殴った理由は、過去からつながる恨みがあるかもしれません。

たしかに殴るという行為はダメです。しかし、その行為を叱ってもこの恨みという背景について考えていかないと、何も解決しません。

「ごめんね・いいよ」という低学年で多く見られる指導もそのときだけの指導と

いってもいいかもしれません。「ごめんね・いいよ」で済むほど単純な問題ではないということです。

ここ最近、「4年生のときに嫌なことをされたから、それを思い出してしまいました」といった過去の学年のことを理由とする子が増えてきたように思います。

なぜ、このようなことが起こるかといえば、その当時の指導に納得していないからではないでしょうか。だから、次の学年に引きずるのです。

こういったことを防ぐためには、その指導によって、今後Aさんにはどう変わってもらいたいかというビジョンをもつ必要があるということです。

大人でも子どもでも人はそう簡単には変わりません。

だからこそ、1回の指導で変えてやる！と思わずに、最終的にここまで変わるために今回はここまでわかってほしい・気づいてほしいと思いながら指導をするとよいでしょう。

それが、様々な経験を積んできている30代だからこそできる指導だと考えます。

自分の授業スタイルの確立

日野 編

授業づくりをスムーズに進めていくためには、自分の授業スタイルを確立することが最も手っ取り早い道です。

私の授業スタイルですが、流れは、つかみ→考える→まとめで進めていきます。みなさんと差異はありません。

みなさんは、授業づくりにおいて、「つかみ」「考える」「まとめ」に費やす熱量の割合はどれぐらいでしょう。3：4：3等、人によってばらつきがあることかと思われます。私は迷いなく「つかみ」に10です。

つかみには、子どもに①「疑問をもたせる」②「憧れをもたせる」③「達成感を味わわせる」④「驚きを与える」の4つの手法の内から1つを用います。たとえば、理科ならば④「驚きを与える」が利用しやすく、言葉に表すとたいそうに思われがちですが、「誰も触れていないペットボトルが急にへこんだ現象」や「空の瓶の中に火のついたマッチを入れると爆発する現象」を見せるといった程度です。

つかみさえうまくいけば、子どもたちは、こちらが何も示さずとも調べ始めたり、友だちにつぶやいたりする等の「学習」の動きを見せます。教師は子どもが見せた動きに合わせ、必要な教具、指示を与え、学習の「追い風」役に徹するだけです。

授業の勝負は冒頭7分！と言い聞かせて、「つかみ」研究を進め、つかみに重きを置いた授業スタイルを確立しました。①〜④のどれかに当てはめ、どんな手段で主体性をもたらすかについては頭を悩ませましたが、悩む箇所が明確であったため、さほど授業づくりに時間を要することはありませんでした。数千の授業をこなしてこられた30代教員のみなさん。授業スタイルを確立し、授業づくりに係る時間の削減をすることで、ワークライフがより豊かなものとなりますよ。

自分の専門教科・科目はありますか

樋口 編

「みなさんには専門教科はありますか？」と聞かれたら答えることができますか？

私なら算数と言えます。これ！ということがある先生はやはり強いです。

教科横断的、ファシリテーションなど教科固有のものとはちがうワードをよく見かけるようになり、専門教科・科目がなくても別によいのではないかと思った時期もありました。

でも、専門職というキーワードもでてきている現在、自分の専門をつくりませんか。

「ハンカチ理論」を知っていますか。

ハンカチ理論とは、一箇所を持ち上げると、ハンカチ全体が持ち上げられるという理論です。

私なら算数という専門教科を持ち上げることで、国語、理科、社会などの教科にも派生していくということです。つまり、算数で学んだことが他教科でも使えることを意味します。本書の執筆者である垣内先生、日野先生は専門教科が体育です。関西体育授業研究会に所属し、実践を積まれています。この2人においても、体育だけでなく、他の教科も面白いのです。

授業が面白くなくて、学級が荒れてしまうということが、ここ最近やはり多いです。今、自分の専門教科・科目はこれだ！というものがないという方もいるかもしれません。

でも、30代の今からつくればよいのです。つくり始めることに、遅さはありません。後輩から、○○の教科はこの先生に聞けば大丈夫！と思われるようになりませんか。

若手にはない経験がある

樋口 編

指導力のある先生とはどのような先生でしょうか。
私は、選択肢をたくさんもつことができる先生だと考えています。
その選択肢をつくるためには、経験が必要です。
その選択肢で成功した経験、失敗した経験、試行錯誤をした経験が必要です。
そういった経験は20代よりも30代の方が多くもっています。
しかし、経験は大きな武器ですが、場合によってはマイナスに働くこともあります。
私は新しい学校に異動したときは、職員会議などで何も意見をすることはありません。なぜなら、その学校にはその学校の文脈、文化があるからです。その学校の文脈、文化をある程度理解してから、意見を言うようにしています。

時々、いきなりバンバン意見を言われる方に出会うことがありますが、正直気持ちがしんどくなります。これまでの経験をもとに話をしています。「前の学校では～」と枕詞をつけられるとよりしんどいです。同僚からの反発もあることでしょう。

もちろん理不尽なこと、疑問に思うことなどは意見をします。

その学校の文脈、文化を理解していく過程で、自分がこれまでに培ってきた経験をその学校の文脈や文化に調整するようにしています。そうすることで、自分の実践もよりアップデートしていくような気がしています。

なかなかアップデートされないこともあることでしょう。前の学校では通用していたのに、今の学校では通用しないということもあります。

そういった場合は、その経験が自分自身の本当の意味での力になっていないという可能性もあるのです。

どんどん授業を公開しよう

樋口 編

「どのように授業をしていいかわかりません」と悩みを相談されるときがあります。そういうときは、「いつでも授業を見てきてね」と伝えるようにしています。

授業を公開する研究授業のときだけでなく、普段の様子の授業を見にきてほしいのです。

きっと研究授業のときと異なり、先生方のより素に近い指導を見ることができると思うのです。

・子どものできていないことが見えるかもしれません
・それに対しての先生の指導を見ることができるかもしれません

・叱咤激励をしているシーンを見ることができるかもしれません

これらは、とても勉強になるのです。

過去には、「テストをどのようにしているのかを見せてください」と言われたこともあります。

また、トラブルがあったときには、その対応を見ることでその人にとっては学びになるかもしれません。

もし授業を参観したいですと言われたとき、断ることはやめましょう。「私のなんか見ても勉強にならないよ」「ちがう人を見た方がいいよ」と言わずに見せてあげましょう。

そして、可能であれば参観した先生から感想や自分ができていないことを指摘してもらいましょう。自分にはない視点の意見が出てくるかもしれません。そういった意見が、反対に自分自身をアップデートする材料にもなるのです。

学年主任じゃなくても学年主任

樋口 編

リーダーには様々なタイプがあります。

先頭に立って、みんなを引っ張っていくリーダータイプもあれば、後ろからみんなを支えていくリーダータイプもあります。そして、2番手で支えていくリーダータイプもいることでしょう。

こういったリーダーが学年で複数人いるとよいと思いませんか。

同じタイプのリーダーがいれば、それは激突必須のためマイナスに働くことでしょう。

そうではなく、学年主任が先頭に立つタイプであれば、他の人も2番手で支えていくリーダー的な役割をこなしていくと、必ず学年はうまく運営されていきます。そういった意味でも、「学年主任じゃなくても学年主任」。

人ひとりが、リーダーとして振る舞っていくことが大切だよという話です。学年主任手当がつかなくても、学年主任の振る舞いをしていくことが大切です。組織として、明確に学年主任が決まっていない場合には、率先して学年主任の振る舞いをしていくとか、若手で学年主任のような振る舞いをしている方がいれば、そのサポートをしていくといったように臨機応変に動いていくことも大切です。また、そのがんばりを認めてほしいという意識になったときには、周りにプレッシャーを与えてしまい、ギクシャクしてしまうかもしれません。そういった意味でよい塩梅が必要なことも事実です。

そういえば、私は20代のときから学年主任のように振る舞い、先輩方がそのサポートをしてくださっていました。その当時はあまり気づきませんでしたが、今となっては、みんなが支えてくれていたんだなと思います。

お互いの悩みを言い、解決策を考えよう

樋口 編

「こんなことが○○くんはできていない」

「今日もクラスがしんどかった」

といった子どもの愚痴をたくさん聞くことはつらいことです。

しかし、そこで食い止めなければ「悩み」になります。

お互いに悩みを言い、お互いにその解決策を考えていくこと自体は、私にとってそれほどつらいことではありません。その子にとっても、前向きな話になります。

愚痴を言うことで自分のマイナスな気持ちを解消しようとしている気持ちはわかります。でも、本当には何も解消していないのです。きっと次の日も同じような愚

痴を言っているのです。愚痴のスパイラルです。
もちろん、解決策が見つからないこともあるでしょう。
考えた解決策を試みても、うまくいかないこともあるでしょう。
でも、愚痴をただ言うだけよりも前進しているように思いませんか。

「学級は学級担任一人でしっかり運営していくものだ」という美徳があるように思います。何かしんどいときがあれば、ちがうクラスの先生が入り込み、一緒に指導をしていく。そんなことを30代でも行ってもらってもいいのです。そこにプライドなんか必要ないですし、担任として恥ずかしいことではありません。もっと人に頼ればいいのです（そう考えると、学校の教員不足はなんとしてでも解消しないといけませんが）。

そもそも学級というのは、担任以外の専科の先生と一緒に運営をしているものです。この感覚が20代の私にはありませんでした。いろいろな先生がいろいろな視点で子どもを見ることが、その子の幸せにつながるのです。

第3章　教師像について

憧れられる自分に

日野 編

5歳のときのこと。ヒーロー戦隊のテレビ番組を観た後、ヒーローの真似をして4メートルほどの高さから飛び降り、足の骨を折りました。ヒーローに限らず、自分にとって憧れる存在ができたときに、その人物の言動や服装を真似てみた経験は誰しも一度や二度あるのではないでしょうか。

本題に入ります。20代。「○○先生がかっこいい！ 自分もいつかあんな風な提案をしてみたい」「○○学級の子どもの姿は素敵だな。いつか自分もあのような学級をつくってみたい」。だれかに、何かに憧れを抱き、憧れに少しでも近づきたいという気持ちが自分を突き進めるエネルギーになっていました。

ミドルリーダーと呼ばれる世代となりますと、先輩の先生方の数も20代のころと比べるとグッと減少します。憧れの感覚を抱きづらくなります。何を目指せばよい？　どこを見ればよい？　モチベーションの低下に思い悩むときが、30代です。

では、エネルギー不足の30代はどのようなことを意識するとよいのでしょうか。

結論は、視点を他者から自分に変えることです。憧れを抱くのではなく、憧れを与える存在を目指してください。憧れられる自分になろうと思えば、授業力を向上させようとする、他者への振る舞い方を考えようとする、服装を意識しようとする等と思考に変化が生まれ、何事にも前向きに取り組もうとする心構えが芽生えてきます。意識する対象が反対方向に向いたにも関わらず、新たなエネルギーが捻出されるのです。ただし、「憧れろ！」には注意してください。がんばりを評価してほしいと思うのが人間の性。「憧れろ！」では、気がつけば周りに人がいなかったってことにもなりかねません。十分にご注意ください。

ちょっとイキってええよ

日野 編

経験の浅い先生方と比較し、自分ができる人だと思ってしまう方がいらっしゃるかもしれません。しかしながら真面目な先生方のこと。「自分のような人間ができてるなんて考えてはだめだ」と思われる方が大半ではないかと推察いたします。しかし、ご自身を卑下なさらないでください。ちょっとイキった方が、物事がうまく進んでいきます。

「私は、できる！」とイキっている人がいたとします。その人の姿、皆さんにはどのように映るでしょう。堂々としていませんか？　動きが積極的ではありませんか？　大事なことは、本当に仕事ができるかなんてことは関係がないということです。本人の勘違いだったとしても、積極的な動きが人との出会いや関わりをもたらし、出会いや関わりは将来の選択肢をぐんと広げるものとなります。

私の話。初任者研の授業を指導主事の方が絶賛してくださいました。5年後。「先生の言葉のおかげで、自信がもてました」と伝えると、指導主事の方は、「まったく覚えていない（笑）。当時は、全員に同じことを伝えたと思うよ。日野さんが特別だったわけではないよ」。

初めてマラソンを走ったときのこと。完走した私のことをリタイアした仲間たちが「初マラソンで完走できるなんて、すごいよ！」と羨望の眼差しで喜んでくれました。後から調べました。初心者ランナーの完走率は平均約92％でした。

指導主事の言葉で私は、この世の誰よりも授業が上手だとイキり、授業に自信をもつことができました。マラソンは、今や私の「充実」を支える大きな生きがいの一つとなっています。勘違いでイキって、今に至ったと言っても過言ではありません。自信をもって言い切ります！　30代…イキってください！

それぞれの持ち味を共有できる関係をつくろう

垣内 編

所属するチーム（学年、分掌など）内では、互いに持ち味を理解し合うことで、それぞれの足らない部分を補う合うことができます。また、互いの持ち味を発揮し合い生かせる集団になっていきます。チームのメンバーの長所、短所に合わせて、得意分野や好みなども把握できれば言うことありません。

現在、校長として年度初めは校務分掌の割り振りに頭を悩ませます。経験年数や男女比、子どもとの関係などに加えて、構成メンバーの長所や短所、持ち味は大きな判断ポイントです。構成メンバー内で持ち味が重なり過ぎている際は、やはりそのままというわけにはいきません。いくら能力が高く、その人に適した役割であったとしてもです。相性も含め、それぞれのよさが輝くように校務分掌を配置していくことは年度初めの大仕事です。

しかし、年度がスタートしてからは、ミドルリーダーであるあなたの出番です。チームの凸凹をうまく組み合わせて舵を取り、グループをけん引していってくれることが期待されています。

ただし、くれぐれも自己認識が自己暗示となり、「自分はこんな人間だ」と決めつけないでください。常に私たちは、自分の能力や可能性を否定せず、自己認識したところから、いかに成長していくのかを模索し続けなければなりません。同様に、周囲に対しても「あいつはいつもいい加減だからな」などと決めつけていては、よい面を見つけられなくなります。ついつい一度貼ってしまったレッテルははがしにくくなってしまいがちですが…。あれ？　これって、先生が教室で子どもたちに言うことと同じですね。

教師としての長所と短所を答えられるようになろう

垣内 編

私は若いころ、何にでも手を挙げ、率先して仕事や役を引き受けていました。それが、得意分野であろうが苦手分野であろうが構わずにです。「若いときの苦労は買ってでもせよ」と言います。たしかに、それらのすべてはよい経験になりました。

しかし、30代になったあなたは少しちがいます。いろいろと抱えているものもあります。時間的な制約もあります。なんでもかんでも引き受けてはいられません。ましてや自分にとって困難なことは取捨選択する必要があります。

私は、細かい計算や事務作業が苦手です。合わせてすごく短気です。締め切りで提出されるべきものが集まっていないとイライラしてきます。完全に短所と言っていいでしょう。そんな私が、ある公的な組織の事務局を引き受けました。当然、うまくいきません。イライラする。それが周囲に伝わる。がんばって引き受けたのに、あまり認められない。さらにイライラする…。悪循環です。

がむしゃらにやっていた20代とちがい、30代では長所である強みや持ち味、短所である弱みや改善すべき点を自己認識できなくてはいけません。そのうえで、取捨選択する余地があるならば、

自らがより輝ける方面により力を注ぎましょう。

特に30代では、その短所や失敗により周囲からの信頼すら失うこともあります。自分が自分のことを一番理解してあげましょう。

第4章　先輩・後輩について

これぞ！という後輩を見つけよう

日野 編

先輩ではなく、なぜ後輩なのか。当然ですが、皆さんが年齢を重ねるにつれ、先輩教員はどんどんと退職を迎えられます。先輩にゴマをすり、先輩ばかりを大切にしてきた人の孤独感は年々増していくことでしょう。幸せな教師生活の後半を過ごすためには、後輩教員の存在が必要不可欠です。では、どのような後輩を大切にしていけばよいのか。大切にしたい後輩をタイプ別にご紹介していきます。

A 自分と同じタイプ

悩み事や失敗事が似ているので、助言が経験をふまえた的確なものになります。一度の助言を機に、さらに頼ってくれる機会が増え、結果として自身の自信にもつながります。こりゃあ負けてられないなぁと思う場面に出くわすこともあり、自分を奮い立たせる存在としても大切にしておきたいタイプです。

B　一生懸命に努力するタイプ

努力している人の姿に触れると、何だかうれしくなりませんか。「自分もがんばらなきゃな」や「この人に立派な後ろ姿を見せなきゃ」といった前向きな気持ちにさせてくれます。忘れかけた情熱を取り戻す存在として大事にしたいタイプです。

C　趣味が同じタイプ

私も趣味でつながっている後輩がたくさんいます。彼らとの練習や情報交換等が日頃のストレスを緩和してくれます。またこのタイプの後輩は、職場が離れても関係が継続しやすく、特に大切にしておきたいタイプです。

後輩全員を大切にする必要はありません。私の場合は、「イライラ50回」が大切にする後輩・しない後輩の基準です。仕事に支障が出る基準だと割り切り、関係を断ちます。イライラしない後輩を大切にすることが、自身の幸せにつながります。後輩全員を大切にして、本末転倒にならぬようご注意ください。

せめて嫌われないようにはしよう

垣内 編

職場にはいろいろな人がいます。すべての人に愛されることができればもちろん喜ばしいことですが、すべてとなるとそう簡単なことではありません。ミドルリーダーとなったあなたは、せめてだれからも嫌われることは避けたいものです。

1章でも触れたように、私は、2校目に赴任した学校では、先輩先生とぶつかることが多く、私のことをよく思っていなかった先生も多かったはずです。いま、あのころの態度や心持ちを思い返せば、「そりゃそうだろうなあ」と思うことがいっぱいあります。

一人でも、自分のことをよく思っていない人がいる職場で働くことは、思っている以上にパワーを使うものです。そんな自分を反面教師に、今だからこそ思う、嫌われない方法を挙げてみたいと思います。

・上機嫌でいること（少々の嫌なことがあっても顔や態度に出さない）
・周囲に敬意をはらうこと（どんな人であれ、仲間に無礼な態度はとらない）
・話をしっかり聞く（自分の話ばかりせず、目と耳と心で話を傾聴する）
・仕事に誠実であること（どんな仕事でも、課せられたことは全力で取り組む）
・周囲の人のがんばりや変化を見逃さないこと（できれば本人に伝える）

もちろん言葉遣いや挨拶などの礼儀は基本中の基本です。当たり前に、これらのことが自然にできている人もいます。しかし、私のように「地」のまま過ごしていると嫌われてしまう可能性のある人は、是非、職場においても、みんなに好かれるちょっとした努力をしてみてください。明日からの職場での働きやすさが断然ちがいます。

先輩に好かれよう

垣内 編

先輩という言葉を聞くと、大学時代の部活の先輩が目に浮かびます。

我々の時代、「先輩」というのは怖い存在である一方、食事に連れて行ってくれたり、おすすめの授業を教えてくれたり…。たくさん叱られ、しごかれもしましたが、人生の少し先を行く人として、一番近くでさまざまな示唆をもらえる存在でした。

先輩にもいろいろなタイプの方がいます。もちろんどの先輩にも好かれるのが理想ですが、そう簡単ではありません。打算的な私は、先輩の中でも一番「影響力がある先輩」に好かれる努力をしていました。「影響力がある先輩」に好かれるとどんなよさがあるのでしょう。

1つ目は、「自分の考えや意見を通しやすくなる」ことです。30代になると、少ししんどい提案をする場面もあります。「根回しをしておく」なんてことも言いますが、影響力のある先生とつながっていればフォローしてくれるはずです。

2つ目は、「情報を得られる」ことです。先輩はきっと自分より多くのつながりや情報をもっています。それらを共有してもらえるというよさがあります。またそこから新たなネットワークの構築にもつながります。

3つ目は、「よい噂が広がる」ことです。影響力のある先輩ですから、その人の発する言葉は、周囲の人に大きな影響を与えることでしょう。好かれているのならば、きっとよい噂を広げてくれることでしょう。

また、先輩から可愛がられているあなたを後輩たちは見ています。先輩から好かれているあなたをきっと後輩たちも慕ってくれることでしょう。

苦手だから責任をもつ

樋口 編

人にはそれぞれ苦手なことがあります。僕もたくさん苦手なことがあります。

何年経験を積もうが、苦手なことは苦手です。

むしろ苦手なことから逃げてきた自分がいます。それでは、苦手を克服することはできません。

できたら、苦手なことはしたくありません。代わりに得意な人が取り組んでくれた方が、子どもにとってもプラスなことです。

しかし、そのようにいつも得意な人が助けてくれるとも限りません。実際に、苦手なことに取り組んだら、できないこともあることでしょう。でも、それは、

・苦手だからできないのでしょうか
・苦手だからこそ事前準備をきちんとしていたでしょうか
・苦手だからといって手を抜いたりしていないでしょうか

苦手だからこそ、得意なこと以上に責任をもって取り組むことが大切なのです。

子どもたちに、「失敗をしてもよい」「失敗を恐れずに取り組むことが大切だ」「試行錯誤することが大切だ」と言っていないでしょうか。

言っているのであれば、その姿を子どもたちに見せるチャンスです。その姿を見せることで、プラスに感じる子もいることでしょう。大人のそんな姿を見て、学ぶ子もいるはずです。

子どもに言っていることができないのであれば、そもそも言わないほうがいいです。

管理職の目（評価規準）を気にしよう

垣内 編

ミドルリーダーとなったあなたは、子どもや保護者からの評価のみにとどまらず、組織の中で認められる30代になりたいところです。学校で求められている姿、つまり学校全体の目標を把握して、機能的に動くことが肝要です。

そのためにも、管理職である校長の目（評価規準）を捉えることから始めてみましょう。とは言っても、管理職に気に入られるために、「なにもかも迎合せよ」「常に忠実であれ」と言ってるわけでもありません。学校の長である校長が、どういう学校にしたいのか？　どういう子どもを育てたいのか？　ミドルリーダーである30代のあなたは、率先してその規準を敏に感じ取る姿勢をもとうということです。

30代では、全体に提案する立場も多くなってきます。「グループでせっかくまとめたのに、管理職で修正や却下の判断がおりる」「若手から質問された際の返答や学年で決定した事項に対して、あとから管理職によって否定される」といったことが続くと、みんなのやる気に水を差すのみでなく、リーダーであるあなたへの信頼を下げることになりかねません。準備の段階で、管理職の目（評価規準）を把握していると、大きなズレを伴うことなく提案や願いの後押しをしてもらいやすくなります。

しかし、時に日常の様子では、その規準がなかなか見えてこない管理職もいます。そういったタイプの場合は、こちらからその規準を知る努力も必要です。普段より、積極的に対話する機会をつくり出すのもあなたの大事な役割です。

先輩付き合いより後輩付き合いを考えていこう

垣内 編

本書の著者をともにやっている2人の後輩と出会ったのは私が30代のころです。2人には叱られるかもしれませんが、彼らはまあややこしいタイプです。だれとでも仲良く付き合えるタイプでもありません。人によっては、避けたくなるタイプかもしれません。私自身も出会ったころは、2人と仲良くなるメリットなんてまったく感じていなかったと思います。しかし、出会いから十数年、付き合いがずっと続いています。この機会に改めてなぜこの2人といるのかを考えてみると、

「自分が何者であるか」を教えてくれるから。

かっこつけた言い方ですね。自分が正しいのか間違っているのか、異なる視点から考えを述べられているのか…。彼らの顔や態度を見ていればわかります。いや、本当はわからないけど「いいですね」と言われたいだけなのかもしれません。反対に、２人に対して、直接何かしてあげたとか支えてあげたという記憶もありません。ただ、私がしていることがあるとしたら、仕事でも私事でも、彼らに関心を抱き、彼らの言葉や行動に反応し、私自身の考えていること、思うことを率直に彼らに伝えてきたことぐらいです。

きっとあなたの周りにも、いろいろなタイプの後輩がいます。私が出会えたように、自分を自分たらしめてくれる後輩が近くにいるはずです。そんな後輩との出会いを大切にしてくださいね。

「中間管理職」としての振る舞い

垣内 編

学校現場において、30代は、「中間管理職」的な存在だと思っています。チーム全体のことを考え、情報を伝達したり、評価の声をかけたり、時には問題を解決したりと、チームをまとめ、調整する役割です。学校という組織において「中間管理職」として、うまく立ち回るための私からのいくつかのアドバイスです。

1つ目は、隠れてではなくオープンな対話を心がけることです。陰で管理職や特定の職員とコソコソしていては、変に誤解されてもしょうがありません。込み入った相談でなければ、基本的にはオープンな場で話すか、なるべく話した内容を共有するようにしましょう。

２つ目は、物事を判断する際、その背景や課題についても自分なりにしっかり考えることです。関わる人たちの思いや意図を受け取り、尊重しながら、全体のバランスも鑑みて、自分で判断することです。同時に、その判断や自分の思いを自分の言葉で伝える力をもたなくてはなりません

３つ目は、アンテナを高くして情勢を把握する力を身につけることです。今何が問題なのか。だれがどういう考えをもっているのか、どこが一番の争点となりそうなのかといった現状の理解と組織のバランスや風向きを感じ取る努力は欠かしてはいけません。

これらに共通しているのは、自分も含め、一人になる人をつくらないことです。たくさんの人を巻き込み、みなさんが気持ちよく働くことができるように行動することが、学校における「中間管理職」の振る舞いです。

管理職の思いを汲み取ろう

垣内 編

管理職は、教育委員会と職員の間に挟まれ、職員に無理なお願いをしなくてはならないときもあります。保護者や地域からの要望を渋々聞かざるをえないときもあります。教員からのつきあげに一人耐えなくてはいけないこともあります。だれかにぶちまけたいのに、立場上一人でぐっとこらえて抱えることも少なくありません。

管理職は、みなさんが思っている以上に孤独です。

特に校長は、いつも職員室にいる教頭よりもさらに孤独を感じるものです。私も、管理職になる前は、もっと自分の考えや願いを自由に発言できたのにと思うことがよくあります。

ここで言う思いを汲み取るとは、管理職の言葉の裏にある、もしくは言葉にはしない思いを汲み取るということです。校長からの難しいお願いにも、率先して意見を出してくれる。困難な状況においても、管理職というカードを切る前に対処してくれる。困っている教員にそっと寄り添い励ましてくれる。管理職として、そんな胸の内をわかってくれる30代のミドルリーダーがいてくれたらどんなに心強いことでしょうか。

しかし、管理職に寄りすぎて、周囲の先生たちから、反発ややっかみの対象にならないようにはしたいものです。

職員室を巻き込むことを企画しよう

垣内 編

私が教員を始めたのは平成10年頃、まだ昭和のにおいも微かに残る時代でした。そのころの職員室では、いろいろな企画がありました。１泊２日の旅行、土曜日の午後を利用しての食事会、放課後のスポーツ大会、学校でのＢＢＱ大会、ＰＴＡとの宴席など。大半の職員が参加していました。今思い返しても、みんなの笑顔が浮かんできます。

現在はライフスタイルも多様化し、様々な考え方もあり、同じようなことを行うのはハードルが高いです。しかし、こんな時代だからこそ、職場の雰囲気がよくなり、職員室のみなさんの心があたたかくなれる企画が必要ではないでしょうか。各学校の現状、令和の時代に適した方法で、実現可能なことを30代のあなたが率先して行ってみませんか。

企画する際にまず考えるべきことは、目的（打ち上げ、親睦、学習など）と、規模（学年、教員、教職員、任意など）です。さらには、職場のニーズを掴むことです。どんなことが望まれているのか、本校の職員に訊いてみました。授業の方法や保護者対応などの学習会、スポーツ実技講習、ＢＢＱ、飲み会、食事会、日帰り旅行などなど…、いろいろな意見がでてきます。

これらをとりまとめ、企画するとなると、かなりの難題です。本業とは別の仕事ですが、こういったところでも力を発揮して、しっかり成功をおさめるのも「できる30代」の姿です。

さあ、まずは勤務時間内にできることから始めてみましょう。

職員室ではムードメーカーになれ

樋口 編

テレビドラマ「silent」が流行していたとき、登場人物である「ミナト」くんの言動について、アリかナシかで同僚の先生と議論をしていました。

みなさんは職員室にいることが楽しいですか？

一時期、職員室にいることが苦痛のときもありましたが、やはりそれではパフォーマンスを発揮することができないと感じています。私はそのようなタイプなのです。

私はどちらかといえば、イジられる側のタイプで、それに喜びを感じていました。

そういったイジってくれる先輩がいてくれたときにはよかったのですが、そういう先輩がいなくなると喜びがなくなってしまうのです。

でも、これって他人任せなんです。他人の影響が大きいのです。

20代はこれでもよかったかもしれませんが、30代では自分でどんどん楽しい雰囲気をつくっていく、ムードメーカーになってほしいのです。

だから、私は冒頭のようにドラマの話をしたり、何か面白い話をしたり、エピソードトークをしたりします。遠くでしている会話に入っていくこともあります。

そうすることで、職員室に楽しい雰囲気をつくっていくようにしています。

意図的につくっていくのです。

教室に閉じこもっているだけではもったいない。

もしかしたら、それによって騒がしくしていたり、仕事面などで、マイナスになっていたりしたときにはすみません。

そして、朝だけはテンションがまったく上がらないのは許してください…。

第5章　仕事術について

タイムマネジメントをしよう

日野 編

時間を制する者は人生を制す！ 時間管理は、仕事を進めていくための大切な要素の一つです。特に30代では、次の3つのことを大切にしましょう。

その1 「結」を決める

「あ、もうこんな時間！」

この言葉を発している以上、時間管理はうまくできません。「何時までに終える！何日までに終える！」とゴール（「結」）を決め、時間内に絶対終わらせるんだと強い決意のもと、時計と向き合うことを習慣化しましょう。

その2 ゆとりある計画設定

「結」が決まれば計画を組んでいきます。大切なことは「トラブルは起きるもの」と決め込んでゆとりある計画を立てることです。ぎりぎりのスケジュール感では、何かハプニングが起きれば、計画通りに進めることは不可能です。計画していたことができないとなると気分が落ち込み、トラブルへの対応も雑なものになってしまいます。トラブルが起きても対応できる余裕ある計画を心がけましょう。

その3　小さな仕事は都度つぶす

ここでいう小さな仕事とは、5分以内に終えられる業務を差します。「○○さんに明後日中に連絡入れといて！」等の予想していなかった依頼がこれにあたります。時間に猶予があると思い、取り掛からないでいると、気がつけば仕事量が膨大に…ということになりかねません。せっかく立てた計画にも影響が出てきます。5分以内で終えられることは、他のことを差し置いてでも、都度都度つぶしていきましょう。

3つもすぐにはできないと言われる方は、その1の時計を意識することから始めてみましょう。それだけで時間管理は大きく変わってきます。

戦うよりも仲間を増やそう

日野 編

血の気の多かった20代。ことあるごとに先輩教員とぶつかっていました。敵もそれなりに多かったと思います。けれども20代は、「かわいい後輩め」で許される部分が多分にありました。変わって30代。20代と同じ振る舞い方では確実に「腫物」となってしまい、噂が方々に広まります。ぶつかる力は仲間とつながる力へと変えていきましょう。実は、仲間につけやすい人がいるってご存じでしょうか。仲間になってくれやすい方々をご紹介いたします。

≪後輩≫　先輩と言うだけで「頼りになる」が枕詞としてついてきます。わからないことや困ったことへの質問や相談にきちんと答えるだけで「心強い存在」と思うもの。しっかりと後輩から「仲間」固めをしていきましょう。

《養護教諭、栄養教諭、事務職員等の一人職》　一人職というのは何かと寂しい思いをされています。栄養教諭に「給食おいしかったです！」と一言声をかけるだけで二言、三言と返ってきます。学校関係の職に就く方の大半は、お話が大好きです。少しの会話を楽しんでくださり、仲間意識が生まれることでしょう。

《大御所》　絡みづらい、接しづらいイメージを多くの教員がもたれていることでしょう。ですので、大御所の周りに人は寄ってきません。そういった意味では、前述の一人職と近いものがあります。ぜひともそんな大御所に甘えてみてください。頼ってみてください。助言通りに動くと、大喜びしてくださります。「かわいい奴」と何かあったときには進んで味方になってくれます。

あなたの積極的なコミュニケーションが鍵となってきます。ぶつかるのではなく、どんどんと相手の懐に飛び込み、仲間を増やしていくことを心がけましょう。

おもしろいことをやらなきゃ損

日野 編

「わかりませんでした。すいませんでした」。この言葉は無敵の言葉です。返ってくる言葉は、「次からは気をつけてね」に決まっています。この「わからなかった」が通じる最終年代が30代です。おもしろいと思ったことは積極的に取り組んでください。失敗したとしても「わからなかった」で片付くわけですから。また、おもしろいと感じたことに取り組むメリットとしては次のことが挙げられます。

①おもしろいことをすれば、評価が爆上がり
自分がおもしろいと感じて取り組んでいるときの表情はどんな表情でしょう？

言うまでもなく笑顔です。笑顔の人を見て、不愉快に思う子どもはまずいません。保護者や同僚からも上々の評判が付いてまわることでしょう。おもしろいと思ったことをやっているだけなのに、周囲の評価が高まるなんて一石二鳥ですね。

②充実感に満ちた日々

初めて立つ教壇、初めて携わる教材、初めて迎える行事、何もかもが初めてだったころとちがい、緊張感が薄まり、仕事がマンネリ化してくるころでしょう。自分がおもしろいと思う新たなチャレンジは、マンネリ化からの脱却にうってつけ。モチベーションアップにつながること間違いありません。

③学校全体の活気が増す

ミドルリーダーである皆さんのイキイキと取り組まれる姿を見て、刺激を受ける教員はたくさんいることでしょう。おもしろいことに挑戦しようとする教員も出てくることでしょう。結果的に職場全体に活気がもたらされます。皆さんの姿はそれだけの影響をもたらします。

かっこよさを追求しよう

日野 編

教師人生において最もラッキーだったことを挙げるならば、本書の著者でもあります垣内幸太先生と出会ったことです。先輩方を前に毅然とした態度で場を仕切る姿、プライベートではおちゃらけているのに、授業となるとバチっと決める姿、強面の見た目とは異なり、非常に繊細な部分をもたれているところ。

それらの姿に触れたとき、「かっこいい。自分もああなりたい！」と自分の理想像に落とし込み、それを追求していこうとすることが、仕事において間違いなくプラスに働きました。

では、皆さんにお尋ねします。かっこよさを感じる先生っていらっしゃいますか？　多くの方は身近にいないと答えられるでしょう。私は今でこそ現実世界で「かっこよさ」に触れることができているわけですが、教員なりたてのころには当たり前ながらいなかったわけです。それでも当時からモチベーション高く仕事に臨めていたのは、小学校時の担任の先生、テレビ番組で有名な金八先生、ＧＴＯの鬼塚先生の「かっこよさ」から生み出されたエネルギーのおかげでした。

何が言いたいのか。現実世界で見つけようとしなくとも、ご自身の過去や観たドラマ、読んだ書籍等の空想の世界に求めてみるのもアリだということです。スポーツ選手や芸能人などでもよいでしょう。教育に関することだけでなく、考え方や服装などに「かっこよさ」を感じ、理想として追い求めても効果は同じです。大切なことは、かっこよさに触れ、理想像をもち、理想に向かっていく過程が大切なのです。近づいていく自分に気分が高揚し、自信がみなぎってくることでしょう。何かと刺激が失われつつある30代。かっこよさを追求し、新しい熱量を生み出していきましょう。

この先のビジョンをもとう

日野 編

30代の先生方の先のビジョンには、一体どのようなものがあるのでしょうか。ビジョンには大きく①教育委員会事務局②管理職③研究者が挙げられます。それぞれがどのようなものなのか見ていきましょう。

① 教育委員会事務局

指導主事という立場で教育委員会に異動するパターンです。仕事内容は管理職への指導、教育施策の施行、予算立ての資料づくり、議会の答弁作成等と教員時代と異なります。ゆくゆく管理職を目指される方は、その仕事や教育施策の流れの理解、何より事務局の職員と繋がることができるので、経験しておいて損はありません。

②管理職

教頭への道。資格は「教員免許状を有し、教職に関する職に五年以上あった者等」と30代の皆さんにぴったりと当てはまります。教頭の主な仕事は校長の補助、校長と教員とをつなぐパイプ役。教員で培った経験が大いに役立ちます。表立った活動よりも、裏側でのサポートを得意とする人におすすめです。

③研究者

研究にも様々なタイプがあります。実践を重ねながら研究をしていくならば大学附属の学校に勤務する、在外教育施設（いわゆる日本人学校）に勤務する、又は教職員大学院へ通う等の道があります。しっかりと研究がしたい！といった場合は、大学に講師等として勤めるといったことが挙げられます。教員をちがう形でサポートしたい、教員の育成に尽力したい、教職に係る一つのことを深く追求していきたい人におすすめです。

ビジョンが明確であればあるほど、今とるべき行動が明確なものとなります。ここで一度、先のビジョンについてしっかりと考えてみてもよいかもしれません。

転職するならラストチャンス

日野 編

２０１２年にノーベル生理学賞を受賞した山中伸弥教授は、元々は整形外科医として働かれておられました。山中教授は手術が下手で「ジャマナカ」と呼ばれていたんだそうです。研究者の道を歩むことになったのは、「挫折」が理由でした。

学級経営がうまくいかない、授業がうまくできない。業務をこなしているだけで月の残業時間が50時間を超える。決してサボっているわけではなく、このような状況を迎えてしまう。どうしてうまくいかないのか。

「教師という職が合っていない」。この言葉に尽きると思います。山中教授は整形外科医としては三流だったかもしれません。ですが自分の性分に合う道を選択し、超一流の研究者になられました。ご自身の性分に教師という職が合わないのならば見切りをつけ、新たな活路を見出されてもよいかもしれません。

また、合う・合わないではなく、教師という職の中で、「?」を抱く機会が増えてきたのならば、転職ラストチャンスのこの機会に思い切ってみるのも一つです。

私は、35歳のときに指導主事になる道を選択しました。授業や学級経営に以前ほどの情熱を注ぐことができなくなったということが理由でした。うまくいった実践や授業のイメージが頭から離れず、目の前の子どもにではなく、過去の子どもの面影に指導している感覚をもつことが多くなったのです。子どもに対してこんな失礼なことはないだろう、私よりも情熱をもたれている先生方に譲った方が子どもたちは幸せなのではないか。そんな「?」を抱いていたところでした。そんなときに管理職からの提言。挑戦するなら今だと決断しました。思い切った決断のおかげで幸せな時間を過ごしています。ラストです。皆さんも悔いのないご判断を。

悩んだときは迷わず相談、行動

垣内 編

この仕事は、どれだけ経験を重ねても悩み事はつきません。一人で悩むよりも、だれかに相談した方がすっきりしたり、楽になったりするのはわかっています。しかし、20代と同じようになんでも相談すればいいというものじゃありません。30代のあなたが相談する際には、

自分の考えをもってから相談すること

を心がけてください。いきなり相談相手に「どうしましょう?」「どうしたらいい

ですか？」といった丸投げの相談の仕方は30代ではいただけません。「こんな方法で授業やってみようと思うんですけど、どう思いますか？」「今日のトラブル、おうちに伺おうかと思っているんですけどどうでしょう？」など、ある程度自分の考えをもって相談しましょう。

相談するよさは、「その相談事が解決する」「ヒントがもらえる」にとどまりません。一つの事象を通じて、相談する側とされる側にはつながりが生まれます。私は、時に答えはおそらくこうだろうとわかっていることでも、あえて相談に行くこともあります。あざといように思われるかもしれませんが、それは、年上や年下に関係なく、その人とのつながりのきっかけをつくりたいがためです。結果的にさらによいアイデアをもらえることもありますので、なに一つ損なことはありません。

今がピークと思おう

垣内 編

附属小学校に勤めていたときのことです。当時の校長である佐々木靖先生（現大阪教育大学教授）が研究会で、「30代が一番いい授業ができた。あとはその財産でやっている感じ」とおっしゃいました。佐々木先生は50代でしたが、我々では到底まねできない圧巻の授業を見せてくれる方でした。その方の「ピークは過ぎた」という言葉、衝撃的でした。「そんなことないだろう。教師はどんどん力がついていくんだろう」と当時は半信半疑でした。しかし、自分がいま50歳を迎える直前となり、これまでをふりかえると、いまはその言葉に頷けます。

感覚的な捉えですが、たしかに私自身も30代は、子どもの発言の取り上げ方、教室の空気感のつかみ方、保護者対応、授業の発想力などが一番研ぎ澄まされていた時期でした。加えて、この授業を通して子どもたちをこうしたい、保護者にこの思いを伝えたいという熱量みたいなものが、一番強い時期であったように感じます。その熱量によって、一番努力もできた時期でした。

「いまがピーク！　だからしっかりやれ」と押し付けているわけではありませんし、プレッシャーをかけているわけでもありません。30代では、今がピークだと思って、今を無駄にせず過ごそうという意味です。今が自分の感性や感覚がピークだと信じて、仕事に向かおうということです。

この30代での経験や学んだこと、得たことが、後々の大きな貯金となります。これからまだまだ続くあなたの教師人生を必ずや助けてくれるはずです。

「長」がつく役に積極的に立候補

垣内 編

私は30代のとき、たくさんの「長」と名のつくものを経験してきました。それをやりたいと思う人も少なかったです。しかし、打算的な私は「長」に積極的に立候補していました。「長」をすることはたくさんのメリットがありますよ。

・時間のコントロールができる（自らの進行でコントロールできます）
・信頼度が上がる（「長」が発言したことは箔がつき、重みが増します）
・周囲から感謝される（いろいろな人から感謝やねぎらいの言葉をもらえます）

「長」をやっている本人は、こんなメリットを享受するためにやっているのに、さらに周りからは「あんな大変な役を引き受けてえらいな」と思われるのです。

また、きっかけは打算的であったとしても、務めてみた結果、30代で得ておきたい力を獲得することもできました。スケジュールを管理する力や異なる意見を調整する力、みんなが楽しい気持ちになるトーク力、上司へのお願いを通す力といったことです。これらの力は校長になった今でも、欠かせない力となっています。

ただし、１つだけ注意してほしいことがあります。それは打算的だと周囲の人たちに悟られないことです（これ自体も打算的ですね…）。そのためのコツは、ご機嫌で「長」を務めることです。「あの人いつも楽しそうに仕事しているなあ」と周囲の人たちに思ってもらうことです。

30代になったらぜひ「長」ライフを楽しんでみてくださいね。

周りを見て、今後の身の振り方を考えよう

垣内 編

30代に突入して、様々な経験を積んでいくことでしょう。40代目前ともなると、ぼちぼち教師人生の折り返しも見えてきます。早い人では、30代で指導主事として教育委員会で勤める人もいます。地域によっては、教頭としてお勤めの人もおられることでしょう。自分がこの先どうなっていくのか。どうしたいのか。どんな道があるのか。誰しも一度は考える時期に差しかかります。

私も、それぞれの時期にいろいろな「この先」を考えました。

「今のまま一生涯担任として、名物先生になろう！」「体育の研究を突き詰めて体育科教育の研究者になろう！」「いつか教頭、校長になって、自分が思い描く学校

を創ろう！」「料理の勉強をして、居酒屋をひらこう！」……。

紙幅の関係上、ほんの一例です。選択肢はあまりないようで、想像してみると大小様々な「この先」が浮かんできます。とにかく、いろいろなパターンをイメージしてみることです。その際、絵空事にならないためにも、ぜひモデルとなる人物を頭に浮かべてみてください。それは、同じ学校の大先輩の先生かもしれません。お世話になった管理職の先生かもしれません。研究会で出会った仲間かもしれません。町で立ち寄ったバーのマスターかもしれません。

イメージができたら、そのイメージに向かって進めばいいのです。進んでみて、「ちょっとちがうな」と感じたら、またちがうイメージをもって進めばいいのです。

校長となった今もここがゴールだとはまったく思ってはいません。いろいろな未来をイメージしています。ひそかにですが……。

保護者を恐れず味方につけよう

垣内 編

子どもとのやりとりは楽しいけれど、保護者対応は苦手という方も多いのではないでしょうか。特に若手のころは、保護者の方が年上の場合がほとんどです。私自身も、20代のころは授業参観や研究授業よりも、保護者の方々と話をしなくてはいけない学級懇談会や個人懇談が一番億劫な時間で仕方なかったです。さらに、若いというだけでちやほやされていたこれまでの時代とは異なり、今は若いということが保護者の心配につながるということも保護者対応の苦手意識に拍車をかけています。しかし、

今の時代、保護者を敵に回してできることなどありません。

30代の皆さんは、経験を積んできたからこそできる対応で、保護者の心をつかみ、味方につけましょう。たとえば、

・ほめる際に、「こんなことできる子は、これまでなかなかいませんでしたよ」とこれまでのたくさんの子どもを見てきたことを付け加える。

・相談などの際には、「以前同じようなことがあったんですけど、そのときはね…」と過去の経験を交えて話す。

・参観の際は、子どもの発表中心の授業ではなく、教師の授業力をアピールする。

保護者は同じ年代の方も多いでしょう。もしご自身も子育て中であれば、その失敗談なども合わせて話をすることで、互いの距離もぐっと縮めることができます。

特に1年の初期段階では、保護者を味方につけることに全力を投じましょう。

学校外のつながりをもとう

垣内 編

よく「教師は社会を知らないからだめなんだ。世間知らずだ」などと批判めいて指摘する人がいます。それがすべて的を射ているとは思いませんが、私は大切な視点の一つだと思っています。社会を知らないというより、他の世界との接点がなさすぎるということが、この指摘の本質ではないでしょうか。教師は、他の職種と比べて、他業種の方々と接する機会が圧倒的に少ない職業です。

保護者の感覚、そしてこれから目の前の子どもたちが巣立っていく社会を知ることで、少なからず私たちが行う教育にプラスになることがあるはずです。是非、他の世界（社会）と積極的に接する機会をもつ努力はしたいものです。

ただし、改まって大きな何かを始めなくても大丈夫です。ほんの少しだけ勇気を出してみましょう。足が遠のいていた研究会に参加してみるのもいいでしょう。帰りがけに勇気を出してバーやカフェなどの扉を開けてみるのもいいでしょう。行きつけの店をつくったり、今の時代ならば、ネットもいいですね。いろいろな知らない世界を知ることは楽しみであり刺激でもあります。

世界が広がると同時に、自分に少しの自信がもてる気がします。また、自分が知った世界を他のだれかに教えてあげることで、また新たな人とのつながりを生むことだってあります。

先生はついつい唯我独尊になりがちです。私がそうであったように「井の中の蛙」では、どこかで頭を打つときがやってきます。30代では、ちょっとだけ、自分の世界を広げることにチャレンジしてみませんか。

教育以外の趣味を見つけよう

垣内 編

「教師が趣味です！　仕事をしているときが一番幸せです」

堂々とそう言い切れる人はどれほどいるでしょうか。これは幸せなことのようにも思えます。とはいえ、何か問題が起こると、とたんに落ち込むこともあるのがこの仕事。気持ちの浮き沈みの激しい仕事であることは確かです。ある程度は、予測やコントロールできたとしても、この浮き沈みは、１００％コントロールできない外的要因が絡んできます。

　この制御不能な気持ちの浮き沈みを耐え続けるのは、至難の業です。相当な精神力の持ち主でなければやってられません。ならば、仕事以外の時間は、自分でコントロールできることに時間を費やすことで、気持ちを平穏に保てるようにしてはいかがでしょうか。いわゆる趣味といわれることです。

30代の皆さんは、趣味や自分が安らげる時間をおもちでしょうか。私自身もいろいろ（ギター・ジム・ゴルフ・釣り・ボートレース・草野球・サウナ・おいしいモノ巡り…）やってきました。今なお長く続いているものから、すぐにやめてしまったものまで様々です。ただこれらの趣味においてマイルールとして決めていることは、体力的にも、金銭的にも、気持ち的にも決して無理をしないことです。

仕事をしていると、よいことばかりではなくしんどいことも当然でてきます。それらをすべて受け止め、引きずって仕事をすることは、たいへんしんどいことです。何より子どもたちにも悪い影響を与えます。

適度な趣味とマイルールをもつことで、心身ともに健全な状態で本業である教師の仕事に向かえるといいですね。

自分の人生設計について考えよう

垣内 編

いろいろな家族のあり方や価値観が認められる時代です。なにが正解ということはありません。とはいえ、だれしも未来はやってきます。仕事上は飄々と生きてきて、その場その場で全力を尽くすこと、楽しむことをよしとする私ですが、人生設計においてはある程度の計画を立てておくことをおすすめします。計画を立て、目標を定めることで、モチベーションがぐっと上がります。そして、今の自分の現状が見えてきます。子どものころの夢物語とはちがって、一定の具体性と実現性をもたせることが30代の計画の立て方です。そのために計画の際には、以下のことに留意しましょう。

①計画上必要な情報を集める（現状分析、戦略、リソース、所要時間…）
②目安の時期を設定する（いつまでに何をしなくていけないのか）
③リスクを考える（起こりうる困難、その対応を含む）
④かかる費用を考える（出産、結婚、子育て、家、車、夢の実現、老後資金…）

どうでしょうか。これぐらいのことを考慮して計画を立てると、現実性を帯びてきませんか。特に経済面は、しっかり見通しをもっておきましょう。

仕事上の計画は、人事面のことなど自分の願いだけでは決められないこともあります。しかし、人生設計はある程度は自分次第で変えることができます。30代、今からでも遅くはありません。それぞれが思い描く人生設計があることでしょう。人生はまだまだこれから！　計画を立てて、未来へのモチベーションを上げていきましょう。

仕事や生活のルーティンを確立しよう！

垣内 編

予測困難な事態が往々にして起こりうる我々の仕事。ある程度のルーティンをもつことで生活のリズムを整え、健全な心身で仕事に向かいたいものです。

ただし、無理は禁物。先生たちは、子どもたちにも決めたことをしっかりやりきろうと言っている手前、自分にも厳しくなりがちです。決めたことができないと、ついつい自分を責め、落ち込んでしまいます。私も以前はそうでした。まるで、宿泊行事のように、びっちり一日の予定がつまっていました。その通りに一日を過ごせると、たしかにやりきった思いで気持ちよく過ごすことができます。しかし、時には予定通りに行かないこともあります。急な会議や保護者との面談、イレギュラーな子ども対応。すると、このルーティンが崩れたことにイライラしてしまいます。

30代半ばからは、ゆるいルーティンに変更しました。起きる時間、寝る時間、食事の時間など定刻を決めているところもありますが、あとはざっくりです。その時間での主な目的さえわかっていれば、あとは裁量次第です。それぐらいだと変なプレッシャーもなく、ストレスもたまりません。大事なのは、この時間では何が大切なのかを見失わないことだけです。ここはクラスの子どもとの時間。ここは学年のメンバーとの時間。ここは家族との時間、といったようにです。

余白を残しておくこと、その通りに行かなくても大して困らない程度にしておくことがルーティン確立の秘訣です。土日などに何にも予定をいれない一日をとることやご褒美としての楽しみをいれておくのもいいですね。

20代の自分とちがいますか？

樋口 編

何かトラブルがあったとします。

先輩であるあなたに20代の後輩が相談してきたとします。

このとき、後輩の相談内容に対して、共感するときもあるでしょう。叱咤激励することもあることでしょう。

でも、そのときに後輩と同じ立場で共感したり、叱咤激励をしたりしていませんか？ということを考えてほしいのです。

この職業は認めたくありませんが、「経験がモノをいう」世界です。

経験があるということは、後輩と同じ立場ではなく先輩としてそのトラブルについて考えていく必要があると私は考えています。

先輩としてトラブルについて考えていくと、後輩には見えていない側面があるかもしれないということです。多面的・多角的に見ていくということが、トラブルを解決していく上では大切なことです。

トラブルに対して、同じ立場で愚痴を言うだけでは何も解決しないのです。また、その愚痴がエスカレートすると、子どもの悪口になってしまいます。

愚痴るなとは言いません。愚痴ってもいいです。でも、30代から聞こえる愚痴は正直しんどいものです。

こういったことは20代の自分ではきっとできなかったことでしょう。

もしかしたら、同じ立場で…と思われた方がいたかもしれません。今すぐにその視点をアップデートしてください。できない場合は、20代で学んでいなかったという可能性があります。

時間はつくり出すもの

樋口 編

20代と比べると、30代は自由に使える時間は減ります。

私も「もっと自由に時間を使いたい」と思うことがよくあります。私には子どもがいないので、子育てされている方はよりそう思うことでしょう。

残念ながら、時間は皆平等で24時間です。「精神と時の部屋」なんかはありません。だから、時間は自分でつくり出すしかないのです。

電車で通勤をしていると、座席に座り、指導書を真剣な眼差しで見つめる方に出会うことがあります。きっとこの方も時間をやりくりしながらしているのでしょう。

私もスマホには教科書や指導書、教育書などのデータを入れています。

つり革を持ちながら、この単元はどのように進めていくのか考えているときがあります。昔に比べ、便利になったものです。

YouTubeや漫画を読みたい気持ちを抑え、取り組んでいます。このスマホがあれば、トイレをしながらでも、仕事はできます。ちょっとした1、2分の隙間時間でも仕事ができます。半身浴をしながらでも、仕事はできます。

それでも、なかなか授業を考えることに時間が割けないこともあることでしょう。そんなときは、20代で学習した貯金を使いましょう。その貯金も手法だけでなく、本質的なことも貯金しておきたいものです。

本質的な貯金とは、たとえば、くり上がりのある足し算をみんながわかる方法とかではなく、10のまとまりや合成・分解ができれば解決することができるといった、教材についてのことです。

あれ？　貯金がない？　それは20代のときに貯金をしなかったということですよ。20代の皆さんは、貯金しておきましょうね。

惰性だけで担任をするな

樋口 編

惰性だけで…。

このニュアンスが伝わるでしょうか。

30代に入ると、担任業に慣れます。何度も経験した学年もあることでしょう。

私は、2年生以外はすべて担任を複数回行ってきました。やはり1回目より2回目のほうが、担任業を少しは楽に感じることでしょう。

先生としては複数回担当しているかもしれませんが、子どもからしたら初めてのそして最後の学年になります。

だから、惰性で担任をすることはちがいます。子どもたちがかわいそうです。

ＳＮＳで実践を投稿すると、「承認欲求のために投稿している」とか、「何のために投稿しているのか」「子どもを道具に使うな」などと言われる方がいます。

たしかにそのような投稿もあるかもしれません。教科としての学びが深まっていない実践もあります。「どこかで見たな～」と思うような実践もあります。

適当な実践を投稿しても、周りからの承認を得ることはできません。

それでも、ただただ教科書通りにしているよりも、目の前の子どものことを考えて、取り組んでいるのではないでしょうか。

惰性だけでするよりもはるかに子どものためになっているのではないでしょうか。

もちろん時間がなくて…と言われる方もいることでしょう。気持ちはわかります。

でも、惰性にはならないでください。

仕事は突っ走れ

樋口 編

「締め切りを守ってくれません」

「単元が遅れているので、早く追いついてくださいと言いたいのですが…」

と20代の先生が先輩の先生に言いたいけど言えない愚痴の数々です。

経験があるので、単元が遅れていようが、しっかり終わらすことはできるのかもしれません。

もちろん様々な事情で締め切りが過ぎてしまうことはあるでしょう。しかし、一度や二度できっとこのようには言われません。つまり、締め切りを守らない常習犯の可能性があります。このように言われるのは格好悪くないですか。

また、自分が取り組みたい実践をしようとしたときに、学年で統一しているからその実践はダメ、管理職から許可がおりない。取り組むことができず愚痴を言う人がいます。20代の私もそうでした。でも、30代でもそれを言っているのは格好悪いです。

・学校や学年で統一されていることはしっかりする
・同僚からの信頼を得る
・後輩のことをしっかりアドバイスする
・締め切りを守る

などのことをしっかりと行っていれば、よほどの奇想天外な実践以外は認められるはずです。学級がしんどいのに、学校の仕事をしないのに外で実践を発表したり、取り組んでいたりすることが一番最悪なことです。

何も言われないようにしてから、仕事を突っ走ってみませんか。

自分がされたことをしていませんか？

樋口 編

思い描いていた学級、授業になっていますか。

なんだか、１７５Ｒの歌詞みたいになってしまいましたが（笑）。

教育は再生産するものです。自分が受けてきた教育がベースになります。教師になりたてのころは、こんなことをしてみたいなと思っていたこともきっとあるはずです。

でも、毎日の忙しさにより、いつの間にか自分が思い描いていたことができていないということもあるのではないでしょうか。

その結果、自分が小学生のときに嫌だった授業を再生産していませんか。

私が小学生のときに一番嫌いだったのが、漢字の宿題の５回書きでした。大嫌いな学習でした。５回書かなくても、僕は覚えることができていました。単なる苦行でしかありませんでした。

しかし、いつの間にか自分が嫌だった、５回書きを子どもたちにさせていて、はっとしたときがあります。

そうならないように、「リトル万太郎」を教室に配置するようにしています。リトル万太郎とは、小学生時代の想像上の自分をつくり出すということです。

「授業中、リトル万太郎は楽しみながら、取り組んでいるのか」

「今から自分が言おうとしていることは、リトル万太郎に伝わるのかどうか」

「今、リトル万太郎はどんなサポートを求めているのだろうか」

といったように、自分の言動をリトル万太郎はどのように感じるのかというバロメーターをもつようにしています。この方法、オススメです。

あなたのリトル◯◯をつくってみませんか。

おわりに

垣内先生、日野先生、樋口の3人による本書はいかがだったでしょうか。30代の企画を思いついたとき、すぐにこの3人で書きたいと思いました。この3人なら、何かよくわからんけど勇気をもらえた、楽しかったと思ってもらえる本を書くことができると思ったからです。

この3人が中心となり、「ただただおもしろい授業を追求する会」という学習会をしています。子どもが笑顔になるのであれば、何をしてもよいというのがコンセプトです。なんだか、小学生3人が集まって、30代とは思えない振る舞いをしています。この会の数日前から胃が痛くなるほど変なプレッシャーがかかる会です。でも、私たちもただただ楽しいのです。この楽しさは小学生のとき、放課後に公園に集まって、みんなで野球をして遊んでいた楽しさに似ています。

30代に入るころには、ミドルリーダーと言われる時期です。

そして、30代を終えるころには、ベテランと言われ始める時期になります。

30代は、20代において教師としての経験を積み、教師として一人前になる年代になるのでしょう。その一方で、プライベートを始め、20代とはちがい様々な変化がある、まさに激動の30代と言っても過言ではありません。だからこそ、時には楽しみながら30代を過ごしていきませんか。

続編はこのままでいくと、「40代に」になる予定です。でも、これを執筆できるのは10年後です。実はこのシリーズの著者は全員男性です。だから、次作は女性の先生方に執筆してもらいたいと考えています。企画などまったく通っていませんが、本書も20代のおわりにこのようなことを書き、「30代」が出ています。だからきっと叶うことでしょう。次作、「教壇に立つ女性のあなたに伝えたいこと」でお会いしましょう。それでは。

樋口万太郎

プロフィール

樋口万太郎

1983年大阪府生まれ。大阪府公立小学校、大阪教育大学附属池田小学校、京都教育大学附属桃山小学校を経て、香里ヌヴェール学院小学校に勤務。教職19年目。「子どもに力がつくならなんでもいい！」「自分が嫌だった授業を再生産するな」「笑顔が教育モットー。日本数学教育学会（全国幹事）、全国算数授業研究会（幹事）、授業力&学級づくり研究会（副代表）、「小学校算数」（学校図書）編集員。主な著書に『GIGA School 時代の学級づくり』（東洋館出版社）、『子どもの問いからはじまる授業！』『仲よくなれる！ 授業がもりあがる！ 密にならないクラスあそび120』（以上、学陽書房）など著書多数。

プロフィール

垣内幸太

1974年兵庫県生まれ。大阪府公立小学校、大阪教育大学附属池田小学校を経て、現在、大阪府箕面市立箕面小学校校長。2009年、関西体育授業研究会設立。2015年、授業力&学級づくり研究会設立。主な著書に、『ただただおもしろい指名の方法48手』『ただただおもしろい音読の方法48手』（明治図書出版）、『たのしく上達！音読クエスト』1〜3巻（汐文社）など、共著多数。

プロフィール

日野英之

１９８２年愛媛県生まれ。信州大学教育学部卒業。大阪府公立小学校で12年間の勤務を経て、現在、大阪府箕面市教育委員会事務局指導主事。２０１７年みのお教師力向上学習会を設立。主な著書に、『5分でクラスの雰囲気づくり！　ただただおもしろい休み時間ゲーム48手』（明治図書出版）など、共著多数。

教壇に立つ
30代のあなたに伝えたいこと

2024（令和6）年1月23日　初版第1刷発行

著　　者：樋口万太郎
垣内幸太
日野英之

発 行 者：錦織圭之介

発 行 所：株式会社　東洋館出版社
〒101-0054　東京都千代田区神田錦町2丁目9番1号
コンフォール安田ビル2階
代　表　TEL：03-6778-4343　FAX：03-5281-8091
営業部　TEL：03-6778-7278　FAX：03-5281-8092
振替　00180-7-96823
URL　https://www.toyokan.co.jp

［装　丁］水戸部功
［イラスト］こすげちえみ
［印刷・製本］岩岡印刷株式会社

ISBN978-4-491-05408-7 / Printed in Japan

JCOPY ＜㈳出版者著作権管理機構 委託出版物＞
本書の無断複写は著作権法上での例外を除き禁じられています。複写される場合は、そのつど事前に、㈳出版者著作権管理機構（電話 03-5244-5088、FAX 03-5244-5089、e-mail: info@jcopy.or.jp）の許諾を得てください。